金融前沿

Engineering Economics

工程经济学

倪宣明 编著

企业管理出版社
ENTERPRISE MANAGEMENT PUBLISHING HOUSE

图书在版编目（CIP）数据

工程经济学 / 倪宣明编著 . —北京：企业管理出版社，2021.1
ISBN 978-7-5164-2211-3

Ⅰ. ①工… Ⅱ. ①倪… Ⅲ. ①工程经济学—高等学校—教材
Ⅳ. ① F062.4

中国版本图书馆 CIP 数据核字（2021）第 023459 号

书　　名：工程经济学
作　　者：倪宣明
责任编辑：尚元经　郑小希
书　　号：ISBN 978-7-5164-2211-3
出版发行：企业管理出版社
地　　址：北京市海淀区紫竹院南路17号　　邮编：100048
网　　址：http：//www.emph.cn
电　　话：编辑部（010）68414643　发行部（010）68701816
电子信箱：qiguan1961@163.com
印　　刷：北京明恒达印务有限公司
经　　销：新华书店
规　　格：160毫米×235毫米　16开本　15.5印张　175千字
版　　次：2021年1月第1版　2021年1月第1次印刷
定　　价：60.00元

前　言

1776年，亚当·斯密（Adam Smith）在总结前人研究的基础上，出版《国富论》一书。此后，经济学作为一门独立的学科，逐步发展起来，大体呈现出以下三条脉络。

第一条脉络是供给与需求分离性研究。李嘉图（David Ricardo）以供给为起点，认为经济运行的重心在供给，而马尔萨斯（Thomas Robert Malthus）以需求为起点，由此分别形成了“供给自动创造其需求”的萨伊定律（Say’s Law）和“需求自动创造其供给”的凯恩斯定律（Keynes’s Law）。

第二条脉络是个体与总体分离性研究。以个体研究为基点的微观经济学中，消费者和企业各自追求效用最大化和利润最大化。而以总量为基点的宏观经济学，一开始就在需求和供给的总量基础上进行分析，但个体的消费和需求如何加总成总量，是宏观分析的先天性软肋。这两种研究范式在当前呈现一种融合趋势，微观经济学研究在什么条件下供给和需求可加总，宏观经济学寻求如何构建其微观基础。

第三条脉络是效率与公平分离性研究。效率研究经济“是什么”，属于实证经济学范畴，而公平研究经济“应该是什么”，属于规范经济学范畴。二者的界限在于是否给予主观价值判断，而对公平的研究显然涉及伦理学范畴。

这三条脉络交汇在一起形成的中心问题是，经济在充分竞争的基础上，究竟是走向有序和谐还是无序崩溃。亚当·斯密第一次给出了肯定的回答，即市场这只“无形的手”可以发挥关键性作用。1874年，瓦尔拉斯（Leon Walras）第一次将“无形的手”这一概念用数学语言清晰地表示出来：是否存在一个价格水平体系，使得所有商品的供给和需求同时相等（均衡属性），使得所有消费者和企业都满意（效率属性），这也被称为一般均衡的存在性问题。1954年，阿罗（Kenneth Arrow）和德布鲁（Gerard Debreu）借助数学中的不动点定理，在纳什（John Nash）等人的研究基础上，最终对均衡价格体系的存在性问题，给出了严谨的公理化的数学证明，这也体现了数学在经济学中的完美运用。15年后，亦即1969年，诺贝尔经济学奖设立，阿罗和德布鲁也因他们对均衡价格体系的研究，分别于1972年和1983年获奖。

工程经济学就是经济学理论在工程项目中的应用。如果说价格水平的决定问题是经济学的中心问题，那么工程项目的价值决定问题就是工程经济学的中心问题。经济学中价格水平的决定，可以抽象地剖解为三步：首先测算商品的需求，其次测算商品的供给，最后基于供需相等求解出均衡价格水平。工程项目的运营方启动项目需要初始投资，可以视为项目的需求；而投资方对项目出资，可以视为项目的供给。这里不从供需出发，不妨稍作一些变化，工程项目的价值决定，同样可以剖解为三步：第一步，测算项目经营现金流量；第二步，测算项目的折现率；第三步，对经营现金流量用折现率进行折现得出项目价值。

经营现金流量可以简单地理解为工程项目在未来各期所产生

的归属投资者的现金流量，折现率蕴含了项目初始投资的时间价值与风险价值。因此，**项目价值就是项目未来各期经营现金流量的折现值之和**，这也称为工程经济学的**第一公理**。

从这一公理出发，工程项目价值就具备四重属性：唯一性，无套利性，动态性，随机性。项目经营现金流量和折现率，从理论上讲，都应该唯一，那么经营现金流量的折现值就具有唯一性。这种唯一性表明，投融资双方都不能通过对项目的“低买高卖”实现套利，即项目价值具有无套利性。折现过程表明要得出项目价值，需要对项目未来的所有经营现金流量进行折现，项目的时间维度表明了项目价值的动态属性。项目未来的经营现金流量尽管从“理论”上讲唯一，在“未来”到来时也显然唯一，但在当前看，未来的经营现金流量就是一个随机变量，受多种因素影响，同样，折现率包含着时间价值与风险价值，因而也具有随机性，因此项目价值具有随机性。折现过程中使用的经营现金流量和折现率，本质上是一个预测值。项目价值的四种属性交织在一起，折现过程表明项目价值决定问题是一门科学，而因为经营现金流量和折现率是预测值，又表明项目价值决定问题是一门艺术。因此，工程经济学体现了科学与艺术的有机统一。

本书从第一公理出发，具备以下四个特点。

第一，以金融经济学理论为基础。既然工程经济学是经济学理论在工程项目中的应用，本书在第一部分就从理论层面构建了工程经济学与经济学研究内容的对应关系。如果说对经营现金流量的预测更多地体现了工程项目实践性的一面，那么对折现率的预测就更多地体现了理论性的一面。对折现率的研究，始终贯穿在金融经济学理论研究之中。

如果将国际金融视为开放情形下的宏观经济学，那么1990年将诺贝尔经济学奖颁发给马科维茨（Harry Markowitz）、夏普（William Sharpe）和米勒（Merton Miller），就是金融经济学领域第一次获得该奖。马科维茨开创的现代投资组合理论（modern portfolio theory，MPT）是夏普研究资本资产定价模型（capital asset pricing model，CAPM）的理论基础，米勒与莫迪利安尼（Franco Modigliani，1985年诺贝尔经济学奖得主）研究以股权和债权形成的资本结构，共同提出了一系列定理，以其名字命名，称为MM定理。而无论是资本资产定价模型，还是MM定理，以及后续的诸如套利定价理论（arbitrage pricing theory，APT）等，折现率的测算都居于关键地位。正因为工程经济学离不开金融经济学，本书也对相关的金融经济学理论进行了简要介绍。

第二，以价值决定为核心。从经济学的研究对象和理论体系出发，指出价格水平决定问题是经济学的中心问题，进而表明工程项目的价值决定问题是工程经济学的中心问题。将经济学中的分离性研究范式引入后，工程经济学也可以从投资决策与融资决策两个角度进行研究。

投资决策与融资决策的研究边界很难界定，本书尝试给出一种界定方式：投资决策是在给定折现率基础上，通过测算经营现金流量来研究项目价值；融资决策则给定经营现金流量，通过测算折现率来研究项目价值。因此投资决策与融资决策是一种互补性研究。

投资决策中，给定折现率，将经营现金流量进行折现后，就可以得出项目的现值，再减去初始投资又可以得出项目的净现值。在此基础上，分析净现值（项目投资收益）、内部收益率

（项目投资的年化收益率）、盈利倍数（项目现值与初始投资相比的倍数）、回收期（项目初始投资的回收期限）等一系列决策指标。

融资决策中，给定经营现金流量，研究重点在折现率。启动项目所需资金主要有两个源泉：直接投资形成的股权出资和向第三方借款形成的债权出资。股权和债权的比例关系形成了资本结构。资本结构是否影响折现率，是否影响项目价值，这是融资决策中的两个基本问题，也是MM定理的核心，这时候折现率又被称为加权平均资本成本（weighted average cost of capital，WACC）。资本结构对项目价值以及加权平均资本成本的影响路径分析，是本书的重点之一，同时也是本书的难点之一。

第三，以现金流折现为主线。从第一公理出发，在极端假设下，如果未来各期直至无穷期的经营现金流量都相同，折现率也都相同，那么项目价值就可以表示为经营现金流量与折现率之比。

投资决策中，从规则的现金流出发，引入永续年金、永续增长年金、年金以及增长年金的计算公式。在此基础上，分析经营现金流量的折现公式及其变体。在一系列折现公式下，研究净现值、内部收益率、盈利倍数等项目决策指标，并拓展至互斥项目等特殊情形。

融资决策中，给定经营现金流量，股权和债权形成的资本结构在一定条件下，会影响到项目的平均资本成本和项目价值。因为归属债权人的利息可以避税形成税盾效应（tax shield），而归属股东的股利需要缴税，引入债权后的资本结构调整会降低项目的加权平均资本成本，提高项目价值。不同的现金流应该采用相应的折现率进行折现。如果将利息形成的税盾增量单独计算，就是项目估值的MM第一定理法，即项目的价值等于项目在不引入债权下的价值加上税盾效应的折现值。如果将利息因素考虑进折现率，这就是项目估值的加权平均资本成本法，项目的价值等于将经营现金流量用加权平均资本成本进行折现的价值。这是项目估值的两种基本方法。两种估值方法下的项目价值以及净现值显然一致，都统一于现金流折现这一主线。

第四，以案例分析为载体。在讲解工程经济学原理的基础上，本书配备了大量的与工程项目背景类似的案例。案例的分析可以加深对原理的直观理解，而且可以培养对项目实践进行分析的能力。金融科技的日益兴起，不仅为工程经济学带来新的应用场景和背景素材，也为工程经济学带来新的挑战。

本书是笔者在讲授工程经济学课程的讲义基础上形成的。感谢我的研究生张俊超、沈佳瑜和邱语宁对本书的辛苦整理工作，感谢沈鑫圆、沈心如、贺英洁、张超、李会菲、安军蓓、李宏岩、王睿对本书的辛苦校稿工作。对帮助过我的同事及朋友，在此一并感谢。最需要感谢的是我的家人，感谢他们在本书成稿过程中对我的支持与照顾。

本书适用于工程管理与工商管理相关专业的高年级本科生和研究生，也可以作为从事该领域研究的同行的参考书。由于笔者水平有限，书中错误在所难免，恳请同行专家与读者批评指正。

倪宣明

2020年3月

符 号 约 定

A：摊销

ANWC：净营运资本增加

β：贝塔值

B：债权或债权的市值

B/S：负债权益比或资本结构

Capex：资本支出或资本性支出

CF：现金流

C_0：初始投资额

D：折旧

EAA：约当年金

EBIT：息税前利润

EBITDA：折旧、摊销及息税前利润

FV：终值

I：利息

IOCF：增量经营现金流量

IRR：内部收益率

LCF：杠杆现金流

NI：净利润

NOPAT：税后经营净利润

NPV：净现值

OCF：经营现金流量

PV：现值

PVIF：复利现值系数

PVIFA：年金现值系数

r：折现率

r_B：债权融资的资本成本

r_S：股权融资的资本成本

r_f：无风险收益率

r_m：市场组合的期望收益率

r_U：无杠杆项目的股权资本成本

S：股权或股权的市值

t：税率

UCF：无杠杆现金流

V_L：杠杆项目或企业的价值

V_U：无杠杆项目或企业的价值

WACC：加权平均资本成本

目 录

第一部分 引言

第二部分 投资决策

第三部分 融资决策

第一部分

引　言

第一章
什么是工程经济学

第一节　经济学的研究内容

一、供给与需求分离研究

自从1776年亚当·斯密（Adam Smith）的《国富论》一书面世，经济学在近代逐步发展成为一门独立的学科。一个经济系统分析的起点，究竟该是供给还是需求，难以界定，遂将研究起点一分为二。

亚当·斯密之后，李嘉图（David Ricardo）以供给为起始点进行分析。1817年出版的《政治经济学及赋税原理》一书体现了其经济学思想，后为萨伊（Jean-Baptiste Say）、马歇尔（Alfred Marshall）等经济学家发扬光大，这一领域的里程碑式的理论表现为“供给自动创造其需求”的萨伊定律。

比李嘉图大6岁的马尔萨斯（Thomas Robert Malthus），与前者研究体系相反，以需求为起始点进行分析。或许是因为他1798

年出版的《人口学原理》过于耀眼，使得其经济学思想容易被忽略。事实上，他在《政治经济学原理》一书中第一次提出了“有效需求不足”这一理念，即相比供给而言，需求更为重要。这一理念此后为凯恩斯（John Maynard Keynes）发扬光大，在20世纪30年代的经济危机中大放异彩，里程碑式的理论表现为“需求自动创造其供给”的凯恩斯定律。

二、个体与总体分离研究

19世纪70年代，在英国的杰文斯（William Stanley Jevons）、奥地利的门格尔（Carl Menger）和法国的瓦尔拉斯（Leon Walras）掀起边际效用革命之后，数学中的微积分理论在经济学研究中日益重要。1890年，马歇尔出版了《经济学原理》，对经济学进行统一梳理，建立了局部均衡理论分析框架。在此基础上，萨缪尔森（Paul A. Samuelson）又对李嘉图、马歇尔以及马尔萨斯、凯恩斯等人的经济学思想进行统一性研究，将从个体出发的研究称为微观经济学，从总体出发的研究称为宏观经济学。

以个体为出发点的微观经济学，将经济系统中的经济体抽象为消费者和企业。给定消费者对商品形成的偏好关系，可以构造出消费者的效用函数。这样，消费者的决策问题就可以表示为，在一定收入的前提下，追求自身效用函数值的最大化（简称为效用最大化问题），从而形成对商品的需求。给定企业的生产技术，用收入减去成本，可以构造出企业的利润函数。这样，企业的决策问题就可以表示为，在生产技术可行的前提下，追求自身利润函数值的最大化（简称为利润最大化问题），从而形成对商品的供给。

供给和需求实现相等被称为均衡或者出清。例如，消费者追求效用最大化，其供给就是劳动与资产（资本的供给），需求是消费品；企业追求利润最大化，供给是消费品，需求就是劳动与资本，出清就是消费者的需求等于企业的供给，消费者的供给等于企业的需求。实现均衡的价格水平，如消费品的价格、劳动的价格（工资水平）、资本的价格（利率）等，就是经济学的核心问题。而依据对经济环境设定的不同，价格水平的决定问题又分为局部均衡和一般均衡。局部均衡和金融中常提到的无套利思想有相似之处，即研究单一行业或市场中的商品价格水平，忽略该商品市场与其他市场的相互影响。而一般均衡则研究所有商品市场之间的相互影响关系。例如，研究利率，只考虑资本市场本身，同时假设劳动、消费品等其他市场不发生变化，这就是局部均衡的概念；研究利率，同时考虑资本市场与劳动、消费品等所有市场之间的关系，这就是一般均衡的概念。

凯恩斯所勾勒的宏观经济学，则从马歇尔的局部均衡理论出发，依据个体需求加总，形成了消费、投资、政府支出和净出口需求总量，他将这四种需求总量之和定义为国内生产总值（gross domestic product，GDP），在此基础上研究利率和汇率水平（货币的价格）、工资水平（劳动的价格）、物价水平（商品的价格）等决定问题。因此，加总问题是宏观经济学的前提问题，若不加以解决，宏观经济学始终缺乏相应的坚实的根基，这也是宏观经济学始终在追求建立微观基础的缘由所在。

显然，二者的边界极为模糊，微观经济学也研究加总问题以及社会总福利问题，宏观经济学也在为其消费、投资等内容建立相应的微观基础，二者呈现融合趋势。微观经济学在开放经济的环境下又形成了国际投资学，而宏观经济学在开放经济的环境下又形成了国际金融学与国际贸易学。探讨经济学理论的数学基础问题则形成了数理经济学，对经济学理论的数据验证则形成了计量经济学。对税收、货币等子领域的研究则形成了财政学、货币经济学等分支学科。这就是经济学理论大厦的基本雏形。

三、效率与公平分离研究

以效率为核心的探讨经济学“是什么”的研究，属于实证经济学范畴；以公平为核心的探讨经济学“应该是什么”的研究，属于规范经济学范畴。二者的界限在于是否给予主观价值判断。

以分析效率为核心的研究聚焦在均衡的价格体系。亚当·斯密一开始就把价格水平的决定机制作为其理论假设的核心问题，即使到现在，这依旧是经济学的核心问题。

效率概念由经济学家帕累托（Vilfredo Pareto）引入并拓展。如果经济运行中，某人在不伤害其他人利益的情况下，使自己的利益有所增加，可以称之为效率改进。如果经济运行中不存在这种改进空间，就称之为有效。为了纪念帕累托的贡献，将其名字加在效率之前，从而又将两种情形称之为帕累托改进和帕累托有效。

对均衡概念做出关键性贡献的则是与帕累托同时代的经济学家瓦尔拉斯。瓦尔拉斯第一次将亚当·斯密描述的市场这只“无形的手”对价格水平的决定问题，表述为在完全竞争市场下所有商品的供需同时实现相等的方程组求解问题，即均衡价格体系的存在性问题，又被称为一般均衡存在性问题。虽然瓦尔拉斯将这一问题转化成了数学问题，构造出了n个方程来求解n个未知数（即n个商品各自的价格水平），并认为自己“解决”了一般均衡问题。但稍有点数学基础的都知道，尽管有n个方程，即使都是线性方程，方程组中的n个未知数也未必有解，而这显然是受到当时数学理论发展的制约。或许经济学应该感谢瓦尔拉斯提出他的理论时没能注意到这个数学上的瑕疵，否则经济学不知又要发展多少年才会将一般均衡理论用清晰的数学概念表示出来。

将经济学中的均衡和效率两个问题统一起来研究并取得突破性进展的是阿罗（Kenneth Arrow）和德布鲁（Gerard Debreu）两位经济学家。1954年，阿罗和德布鲁联合发表了证明一般均衡理论存在性的论文，基于严谨的数学公理化体系来描述消费者的偏好关系和企业的生产技术，进而对均衡的价格体系存在性给出了严谨的证明。5年之后，德布鲁又对其论文的技术细节进行了完善。这种证明充分展现了数学在经济学中的完美运用，10年之后诺贝尔经济学奖设立，数学在经济学里的完美运用显然是重要因素之一。阿罗和德布鲁也因为这一贡献分别在1972年和1983年获得诺贝尔经济学奖。

德布鲁证明一般均衡的过程中，引入了纳什（John Nash）的基本贡献，将消费者、企业和市场表现为三方博弈，从而得出均衡必然存在，这也是数学的不动点理论在经济学中的应用。德布鲁和纳什给经济学引入了两个互补的方法论基础：一般均衡理论和博弈论。简言之，一般均衡理论中，所有的参与者只听从价格这个指挥棒进行决策；而在博弈论中，需要考虑参与者之间的相互影响。

德布鲁构建的一般均衡理论大厦假设所有的经济体都是价格接受者（price-taker），即所有的经济体都听从价格这个指挥棒进行决策。充分发挥市场这只“无形的手”的力量，通过充分竞争使得每个经济体实现自身的利益最大化，实现帕累托有效，即在均衡的价格体系下，消费者能够实现效用最大化，企业能够实现利润最大化。简而言之，完全竞争能够实现帕累托有效，这也被称为福利经济学第一定理。福利经济学第二定理则探讨均衡能否通过市场来实现，即探讨第一定理的逆命题是否成立，二者并不完全等价。

但是，价格接受者这个假设极强，理性的经济体基于自身利益最大化做选择，也可能实现最坏的可能性，经典的“囚徒困境”问题就反映了这一思想，它违背了经济所追求的帕累托效率目标。一旦放宽价格接受者这一假设，纳什所构建的博弈论思想就有了用武之地。那么经济中哪些领域可能会违背这一假设呢？例如，市场上有些领头羊企业在其行业内具备定价权，该企业就不再是价格接受者，这一现象称之为市场失灵。一般而言，典型的市场失灵包含市场力量、外部性、公共品和信息不对称，因为市场自身无法克服，这也是经典经济学中认为需要政府干预的四大领域。博弈论这一方法论在具体问题上的应用，又被称为机制设计理论或契约理论。纳什也因为在方法论上的贡献获得了1994年的诺贝尔经济学奖。

例1-1　囚徒困境

囚徒困境是数学家阿尔伯特·塔克（Albert Tucker，是纳什的导师）在1950年提出的。假设两个嫌疑犯（A和B）作案被捕，由于缺乏足够的证据对二人定罪，警察对其进行隔离审讯，并根据审讯结果判定罪行：若两人都认罪，则每人服刑2年；若一人认罪、一人否认罪行，则认罪的人当场释放，否认罪行的人服刑10年；若两人都拒绝认罪，则每人服刑半年。嫌疑犯A和B的选择与可能出现的结果如下表所示：

		嫌疑犯A	
		承认罪行	否认罪行
嫌疑犯B	承认罪行	各服刑2年	A服刑10年 B当场释放
	否认罪行	A当场释放 B服刑10年	各服刑半年

由上表可知，嫌疑犯A和B最好的选择是都选择否认罪行，每人服刑半年。但是二者都害怕自己选择否认罪行，而对方选择认罪致使自己得到更重的刑罚，因此两名嫌疑犯都会选择承认罪行，最终都获得2年的刑期。

探讨公平问题形成了社会选择理论，其里程碑式的理论为阿罗不可能定理，而投票悖论就是这一定理的典型例子。要打破这一悖论，就需要对投票规则进行研究。比如，1998年诺贝尔经济学奖得主阿马蒂亚·森（Amartya Sen）就建议先在甲、乙两个方案中进行投票，胜出的方案再与丙进行比较。

例1-2　投票悖论

投票悖论是18世纪法国思想家马奎斯·孔多赛（Marquis de Condorcet）提出的。假设整个社会由甲、乙、丙三个人组成，面对A、B、C三个备选方案，他们需要通过“多数原则”投票的方式选出最优的方案。三人对备选项目的偏好如下表所示：

甲	A>B>C
乙	B>C>A
丙	C>A>B

根据“多数原则”，甲和乙都认为方案B优于方案C，社会也应认为方案B优于方案C，但是甲和丙都认为方案A优于方案B，这就

出现了矛盾。同理，在甲和丙都认为方案A优于方案B、乙和丙都认为方案C优于方案A中，也可以找到同样的矛盾，因此导致的结果是没有任何一种方案能够得到通过。

如果将诺贝尔经济学奖获得者的研究领域视为当代经济学的风向标，那么历届获得者基本就聚焦在均衡、效率、公平、机制设计等研究领域。

供给和需求显然存在着相互作用的机理，正如个体与总体、效率与公平也存在着相互作用的机理一样。分离研究与统一研究始终交织在一起，这在工程经济学中也得到了充分体现。

第二节　工程经济学与经济学的关系

一、分离性原理在工程经济学中的体现

一言以蔽之，工程经济学就是经济学理论在工程项目中的应用。

任何一个工程项目，同时考虑收益成本与融资结构问题都会极其复杂。首先，收益成本分析受融资结构的影响。企业对工程项目进行独立出资，称之为股权；企业从第三方借款为工程项目进行融资，称之为债权。对项目融资而言，股权和债权的成本显然不一样。其次，融资安排又以工程项目的收益成本分析为前提。只有

满足成本收益分析的基本要求，才会产生融资需求。因此，这两个问题本质上是交织在一起的，这也是工程经济学研究的第一个难题。

事实上，可以参考经济学理论的分离性研究范式，将项目决策分离为以下两步：首先，需要考虑该不该进行投资，即这种投资的收益能不能超过投资成本，这被称之为投资决策问题；其次，再考虑工程项目的融资需求，即自身出资形成股权和向第三方借款形成债权这二者之间的比例问题，这被称之为融资决策问题。这种经济学上分离性原理的应用又被称之为投融资分离定理。

尽管投资决策与融资决策相互影响，但将两种决策分开研究，显然会简化对工程项目的分析。

二、供给需求等概念在工程经济学的体现

工程经济学中常见的投资决策、融资决策、价值评估、项目评价等问题，都可以与经济学的基本概念形成对应或映射关系。这里一一加以介绍。

（1）经济学中的需求，映射到工程经济学中，表现为投资决策问题。

经济学的需求和需要不同，能够实现的需要，或者说可行的需要，才能称之为需求。工程项目也一样，其作为潜在的资本需求方，只有通过了收益成本分析的可行性研究，才能形成自身的资本投资需求。

（2）经济学中的供给，映射到工程经济学中，表现为融资决策问题。

要满足工程项目在可行性研究基础上的资本投资需求，首先需要界定资本的供给方。项目的资本供给有两个基本来源：项目实施方的自有资本，对项目投资形成股权；向金融中介等第三方借入的资本，对项目投资形成债权。资本供给方对这两部分的配比问题，表现为融资决策问题。

（3）经济学的价格水平决定问题，映射到工程经济学中，表现为工程项目的价值评估问题。

需求和供给实现出清下的均衡价格水平决定问题是经济学的中心问题。同样，项目的均衡价值决定问题也是投资决策与融资决策中的中心问题。项目的均衡价值应该是项目的投资价值与项目的融资价值相等时共同给出的结果。资本的需求方与供给方对工程项目的价值评估实现一致，这实质上反映了局部均衡或者无套利的思想，此时投融资双方无法通过对项目的“低买高卖”实现套利。因此，价格水平的决定问题，在工程经济学中，就表现为工程项目的价值评估问题。在实际运用中，各参与方对项目价值的主观判断很难一致，均衡价值实际上是参与方讨价还价后所形成的结果。

价格水平在工程项目的价值评估中具有两个层次的含义。第一，将项目视为一个整体，这时候价格水平表现为项目的总体价值，这是将价格水平视为绝对值的理念；第二，项目价值拆解为股权价值和债权价值之后，股权里一单位货币的价格和债权里一单位货币的价格并不一样，分别称之为股权收益率和债权收益率，股权收益率和债权收益率加权又会形成项目投资收益率，这是将价格水平视为相对值的理念。这两个层面的价格水平将会在工程经济学中反复出现。

（4）经济学的个体与总体问题，映射到工程经济学中，表现为单个项目与项目集群的关系问题。

任何一个工程项目，基本都可以拆解成多个子项目，这是工程项目的常见情形。如果工程项目的总预算是固定的，显然，预算在各个子项目之间的分配就较为复杂。一个简单的情形是，各个子项目彼此独立，时间上先后继起，那么个体的简单加总就是总体。但是，如果子项目存在互斥的情形，或者子项目存在多种实施方案，这时候的预算分配问题极为困难。因此，工程经济学除了需要经济学的理论知识，同样需要项目管理的经验。处理工程项目中的单个子项目与其他子项目之间的关系，除了工程经济学的知识，显然还需要其他领域的知识。

（5）经济学中的效率问题，映射到工程经济学中，表现为工程项目的评价问题。

经济学之所以要研究均衡的价格水平，是因为该价格水平蕴含着某种效率特征。比如，福利经济学第一定理就表明，均衡的价格水平下，经济系统能够实现帕累托最优，任何一个经济体利益的改善都会以牺牲其他经济体的收益为代价。同样，项目的价值评估也蕴含着相应的效率特征，这是项目决策的基础，而价值评估往往又与项目的目标联系在一起，使得价值评估进一步复杂化。

总体说来，工程经济学不仅需要经济学的理论知识，又因为工程项目的自身属性，也需要项目管理的实践经验。本节将经济学的基本概念运用到工程经济学中，有助于对后续出现的工程经济学中诸多概念进行统一梳理。

第三节　工程经济学的两个核心问题

一、工程项目的目标界定

项目目标与项目价值评估是工程经济学的两个核心问题，首先来看工程项目的目标界定。

工程项目的一个首要问题是项目的目标是什么。只有把目标问题搞清楚了，才能进行相应的投资决策研究或融资决策研究。如果项目的目标是客观的，那么就可以基于经济学理论进行定量分析。一个常见的目标是项目的价值最大化，这时候只要测算出收入的组成部分以及成本的组成部分，就可以进行相应的投资决策与融资决策。

如果项目的目标涉及到主观层面，则目标是否能够进行量化就成了一个难题，这涉及到工程伦理学的范畴。进一步讲，如果这种主观目标可以进行主观量化，那么依旧可以使用经济学的定量分析方法。但是如果项目的目标难以量化，定量分析方法就会失去用武之地。

这里举个具体的例子加以说明。甲、乙、丙三人打算合力完成一个项目，又雇佣了一些员工组建了一个项目团队。假设项目的目标仅仅是价值最大或者利润最大，那么只要测算出该项目可能产生的收入以及人员工资等成本，就能测算出相应的价值，从而可以很便利地进行投资决策与融资决策。但是，项目的目标也可能是甲、乙、丙三人的收益之和最大化。假设项目的投资完全由三人出资，项目价值绝不简简单单只是三人的收益之和。比如，谁作为负责人控制项目的实施，这种控制权必然会形成某种不可测的收益，此时目标量化就出现了困难。进一步，如果该项目还会形成相应的社会效益，而项目的目标定位在项目利润与社会效益之和，则目标的量化又会进一步复杂化。

本书主要分析可量化的情形，同时假设工程项目追求项目价值最大化这个单一目标以简化分析，不涉及工程伦理学的范畴。

二、工程项目的价值评估

项目的价值评估是投融资决策的中心问题。那么价值评估复杂吗？这里从经济学的一个经典的笑话讲起：只要教会鹦鹉讲供给和需求，那么鹦鹉也会变成经济学家。鹦鹉成为经济学家的逻辑可以拆解为以下三步：

第一步，给出需求；

第二步，给出供给；

第三步，即使是鹦鹉，都能求解出价格。

那么同理，只要教会鹦鹉讲现金流与折现率，任何一只鹦鹉也能成为估值高手，逻辑拆解为以下三步：

第一步，给出现金流预测；

第二步，给出现金流的折现率；

第三步，即使是鹦鹉，也会对现金流进行折现，就能测出工程项目的价值。

事实上，经济学最复杂的就是测算出供给和需求。同理，估值的奥妙就在于现金流预测与折现率预测。由于未来具有不确定性，项目形成的收入流与成本流也带有相应的不确定性，这时候仁者见仁，智者见智。折现率又同时蕴含了资本的时间价值与风险价值，因此，即使采用相同的估值方法，100个评估者可能会估出100个结果。从方法论角度讲，估值是一门科学；但是从“估”这个字出发，估值又是一门艺术。这100个结果谁更精确呢？或者说谁更合理呢？从理论上讲，项目存在且只能存在唯一的价值。对应100个结果的每个假设可能都不尽相同，该问题又转化成了谁的假设更为合理。这一问题的研究超过了本书的研究范围，这里不做进一步展开。

本书主要从估值方法论的角度进行分析。科学离不开理论，但艺术离不开实践。因此，项目估值除了需要方法论指导，也同样需要工程项目实践经验的指导。

本章习题

1. 工程经济学与经济学的关系是什么？
2. 谈谈对投融资分离定理的理解。
3. 谈谈对工程项目目标的理解。
4. 项目价值应该是唯一的精确值吗？

第二章
工程经济学的基本框架

第一节　现金流与折现率

一、鹦鹉估值三步曲

如上一章所述，既然项目估值问题是投资决策和融资决策分析的核心问题，那么，所有投资决策和融资决策里的估值流程，基本都可以抽象为“鹦鹉估值三步曲”：

第一步，测算项目各期现金流；

第二步，测算项目的折现率；

第三步，对各期现金流进行折现得出项目的价值。

这也是工程经济学的**第一公理**：

项目价值是项目未来各期现金流的折现值之和。

离开这一条公理，估值的方法论无从谈起。第一公理可以从以下四个角度进行理解。

第一，项目估值的唯一性。即理论上，项目在当前时点存在唯一的价值，只要现金流是确定的，折现率是确定的，那么折现值就是确定的。

第二，项目估值的无套利性。项目在各期的价值，依据折现率折现到任意时点，折现后的价值都是唯一的，无论是项目的投资方还是融资方，都无法通过对项目的“低买高卖”进行套利。

第三，项目估值的动态性。项目的现金流是在未来各期逐步产生的，从时间维度上讲，现金流结构是动态的，进而项目估值是动态下的估值。

第四，项目估值的随机性。项目未来的现金流尽管从“理论”上讲唯一，在“未来”到来时也必然唯一，但在当前看，未来的现金流就是一个随机变量，受多种因素影响，同样，折现率包含着时间价值与风险价值，因而也具有随机性，因此项目价值具有随机性。由于使用的现金流及其折现值本质上都是预测值，因此项目估值必然带有随机性。

项目价值的四种属性交织在一起，折现过程表明项目价值决定问题是一门科学，而又因为现金流和折现率是预测值，项目价值决定问题也是一门艺术。

如果预测未来各期的现金流相同，且永续存在，折现率也相同，那么项目价值就可以表示为现金流除以折现率。不妨将项目价值用现值PV（present value）表示，未来各期相同的现金流用CF（cash flow）表示，折现率用r表示，这里先不加证明地给出价值表达式，不妨称之为**第一公式**，这一表达式的各种变体也贯穿于本书始终。

$$PV = \frac{CF}{r} \tag{2.1}$$

二、投资决策与融资决策的研究边界

既然投资决策和融资决策都以项目估值为核心内容，那么二者的分界点在哪里呢？这里学术界没有统一的划分，本书尝试提供一种分界方式：

投资决策里，给定预测折现率，通过预测现金流来研究项目价值；融资决策里，给定预测现金流，通过预测折现率来研究项目价值。

也就是说，投资决策实质研究的是价值表达式的分子，即研究项目的现金流是什么，同时一般会假设折现率给定，以简化分析。而融资决策实质研究的是价值表达式的分母，即应该采用什么样的折现率，这时候最常用的折现率被称为加权平均资本成本（weighted average cost of capital，WACC），同时一般假设现金流结构给定，最常用的假设就是息税前利润（earnings before interest and tax，EBIT）给定。

因此，投资决策分析和融资决策分析都可以被视为局部均衡分析框架，都是侧重项目价值评估的一个方面。这种研究范围的界定，可以简化工程项目的价值评估的分析。

进而，本书的第二部分研究工程项目的投资决策问题，聚焦在预测现金流上；第三部分研究工程项目的融资决策问题，聚焦在预测折现率上，并尝试将两种决策统一起来进行分析，考虑现金流与折现率的相互影响，对项目估值做进一步探讨。

第二节　投资决策

一、规则的现金流结构：以年金为例

如果现金流比较规则，那么对现金流折现后进行加总就较为简单。常见的规则现金流一般表现为等差数列或者等比数列，这样各期现金流折现后加总就可使用相应的求和公式。

年金是指在一定期限内每期获得稳定的相同的收入流。也就是说，此时的现金流结构是一种特殊的等差数列，公差为0。如果这个期限趋向于无穷，则称之为永续年金。如果年金的每期收入按固定比例增长，基于期限是固定还是趋于无穷，分别称为增长年金与永续增长年金，此时现金流结构从等差数列转变成了等比数列。

折现方式又存在单利、复利与连续复利之分，从而形成不同的折现率。采用不同的折现方式对现金流进行折现，从而可以得到相应的价值，这就是第一公式（式2.1）的一种变体。

二、预测项目现金流的基础

工程项目的现金流预测是否需要会计学基础？既需要也不需要。说需要，是因为现金流预测某种程度上和利润表、现金流量表及资产负债表联系在一起。对投资决策要素的敏感性分析、盈亏平衡分析等，与三张报表的结构联系在一起。投资决策中常见的指标，也与财务报表联系在一起。说不需要，是因为现金流预测先天具有前瞻性。估值的实践领域里有一个常见的表述最能体现这一思想：即使项目的历史财务报表全部消失，也不影响对该项目的估值。报表更多地反映了项目的历史信息，而现金流预测更多地凭借对未来的预期。

因此，有会计学的基础知识更好。如果没有相应的会计学基础，也不影响对本书的阅读。预测现金流，本质上是依据收入或成本相关的财务假设，估测未来的现金流结构，某种程度上讲，工程项目估值的精髓，在于该项目的财务预测假设具有多高的可靠性。

三、投资决策：以净现值和内部收益率为核心

投资决策最重要的两个指标就是净现值（net present value，NPV）与内部收益率（internal rate of return，IRR）。

如果将工程项目视为一个整体，工程项目的价值或者说现值，本质就是项目的价格水平，这是价格水平在绝对值层面的含义。净现值就是项目的现值减去项目的初始投资水平。

因此，只要净现值大于0，该项目就值得投；只要净现值小于0，该项目就可以放弃。这种决策思想是显而易见的，不妨用C_0表示初始投资额，则第一公式（式2.1）变化为：

$$NPV = \frac{CF}{r} - C_0 \tag{2.2}$$

那么项目的内在价值是什么呢？也就是说，每一单位资本的实际成本是多少呢？这是价格水平在相对值层面的含义。这时候，不妨考虑项目的净现值为0的特殊情形，这时候蕴含的折现率就称为内部收益率，即：

$$0 = \frac{CF}{IRR} - C_0 \tag{2.3}$$

在此基础上，又可以进一步引申出盈利倍数法（profitability index，PI）、回收期法等方法中相应的投资决策指标。

四、投资决策过程中的常见问题

由于价格水平存在绝对值与相对值两个层面的含义，同时工程项目又存在子项目与其他项目之间的关系，这时候价格绝对值层面的净现值就会与相对值层面的内部收益率、盈利倍数、回收期等指标形成冲突。

如果不同项目的期限相同，可以借助增量现金流的思想进行分析。如果不同项目的期限不同，可以借助约当年金（equivalent annual annuity，EAA）的思想进行分析。

有时候，还需要深入分析决定现金流的相关因素，这时候又涉及到灵敏度分析、盈亏平衡分析等方法。

第三节　融资决策

一、资本结构与公司价值的不相关理论

工程项目的融资源泉包括股权与债权，那么股权与债权的本质区别是什么？这一问题较为复杂，也是融资决策或公司金融领域的前沿问题之一。反映到现金流结构中至少有一点，支付债权人的

利息可在税前扣除，而支付股东的股利则不可在税前扣除。

如果不考虑税收因素，那么股权与债权的不同配比，即资本结构，是否会影响工程项目的价值？答案是不影响。这是经济学家莫迪利安尼（Franco Modigliani）和米勒（Merton Miller）共同研究得到的基本结论，这一无关性理论也被称为**MM第一定理**。莫迪利安尼凭借其生命周期假说获得了1985年的诺贝尔经济学奖，而生命周期假说也与其资本结构的无关性理论有相似之处。

米勒则与马科维茨（Harry Markowitz）、夏普（William Sharpe）获得了1990年的诺贝尔经济学奖，这也是金融学（如果将国际金融视为开放宏观经济学的话）领域第一次获得诺贝尔经济学奖，后两者则分别与投资组合理论及资本资产定价模型（capital asset pricing model，CAPM）联系在一起，这是估算股权资本成本的主要方法之一。

二、加权平均资本成本、股权资本成本与债权资本成本

加权平均资本成本尝试回答这样一个问题：一个工程项目的真实成本到底是什么？它实际上是项目价值的另一种表达方式。MM第一定理事实上也可以表示为资本结构与项目的平均资本成本无关。

工程项目的价值可以定义为债权价值与股权价值之和。显然，加权平均资本成本就是股权资本成本与债权资本成本的加权。但是如果考虑到税收因素，即债权具有税盾效应，则需要对加权平均资本成本的定义进行调整。如果用 r_S、r_B、S、B和t分别表示股权资本成本、债权资本成本、股权价值、债权价值和税率，则加权平均资本成本可以表示为：

$$WACC \equiv r_S \frac{S}{B+S} + r_B(1-t)\frac{B}{B+S} \tag{2.4}$$

因此要测算加权平均资本成本，就需要分别测算股权资本成本与债权资本成本。股权资本成本主要借助于资本资产定价模型，即CAPM模型：

$$r_S = r_f + \beta_S(r_m - r_f) \tag{2.5}$$

这里，r_m 和 r_f 分别表示市场组合（market portfolio）的期望收益率和无风险收益率，β_S 是股权收益率和市场组合收益率的协方差与市场组合收益率的方差之比。由于项目投资具有风险，r_f 可以视为投资的时间价值，β_S 可以视为投资的风险价值。

股权资本成本同时满足**MM第二定理**：

$$r_S = r_U + \frac{B}{S}(1-t)(r_U - r_B) \tag{2.6}$$

这里 r_U 表示无杠杆的股权资本成本。

债权资本成本则是内部收益率的一个实际应用。

三、两种主要估值方法

从MM第一定理可以看出，既然资本结构并不影响项目价值，那么有杠杆的项目价值与无杠杆的项目价值相同。现在如果考虑税收，则将因债权避税形成的收益单独计算，对经营现金流量（operating cash flow，OCF）进行折现，就可以算出带杠杆项目的价值，有时该现金流也被称为无杠杆现金流（unlevered cash flow，UCF），以强调该情形下有无杠杆。这一思想也被称之为**有税的MM第一定理**。不妨用 V_L、V_U 分别表示杠杆项目价值、无杠杆项目价值，则有税的MM第一定理可以表示为：

$$V_L \equiv B + S = V_U + tB = \frac{OCF}{r_U} + tB = \frac{EBIT(1-t)}{r_U} + tB \quad (2.7)$$

这一计算项目价值的方法也被称为MM第一定理法。基于此形成了调整净现值法（adjusted net present value，ANPV）或调整现值法（adjusted present value，APV）。

直接基于加权平均资本成本，对经营现金流量进行折现获得项目价值的方法，被称之为WACC法：

$$V_L = \frac{OCF}{WACC} = \frac{EBIT(1-t)}{WACC} \quad (2.8)$$

因此，MM第一定理法和WACC法是项目中最基本的两种估值方法。

有时，对项目进行投资时，比较关注投资的份额所占的比例，即股权比例。此时很有必要直接计算出项目的股权价值。基于股权资本成本对杠杆现金流（levered cash flow，LCF）进行折现，可以直接算出股权的价值，这也被称为股权现金流法（flow to equity，FTE）：

$$S = \frac{LCF}{r_S} = \frac{(EBIT - r_B B)(1-t)}{r_S} \quad (2.9)$$

FTE法计算出的股权价值与APV法、WACC法计算出的股权价值，从理论上讲，显然一致。

至此，本书需要讨论的核心公式已全部不加证明地给出，这也是本书的重点内容。本书侧重应用和理论逻辑，基本不涉及理论的数理证明。最后，用以下五点作为总结。

第一，经济学以价格水平的决定问题为核心，工程经济学则以工程项目的价值评估为核心。

第二，工程经济学围绕第一公理展开，简洁表示为第一公式，投资决策以研究现金流（第一公式的分子）的决定为核心，融资决策以研究折现率（第一公式的分母）的决定为核心。

第三，投资决策里的净现值、内部收益率与融资决策里的基本估值方法均为第一公式的变形，即NPV（式2.2）、IRR（式2.3）、有税的MM第一定理（式2.7）、WACC法（式2.8）、FTE法（式2.9）均为第一公式（式2.1）的实际应用。

第四，第一公式中的折现率里最重要的就是WACC，由股权资本成本和债权资本成本加权组成，资本资产定价模型和MM第二定理可以度量股权资本成本，即WACC定义（式2.4）、CAPM模型（式2.5）、MM第二定理（式2.6）均为研究第一公式（式2.1）的分母，金融学理论也基于此划分为资产定价和公司金融两大主流领域。

第五，无套利，即局部市场均衡，意味着折现率有两层含义，基于项目需求本身就是成本，基于投资方角色就是收益，均衡下两种折现率相等，例如无套利下股权资本成本和股权投资收益率相等。

四、破产成本、代理成本与股利

从有税的MM第一定理可以看出，债权规模越高，项目的价值也越大。但是过高的债权规模，可能会导致项目产生的现金流不足以偿还当期利息的情况发生，使得工程项目破产。因此在项目的估值过程中，应该将破产成本纳入考虑。

同样应该予以考虑的因素还包括代理成本。但是，破产成本和代理成本的复杂性在于其度量具有很强的主观性，难以客观度量。这时候对项目的价值评估将更加复杂化，更像是一种理论探讨。

莫迪利安尼和米勒同样还探讨了股利政策对项目价值的影响，其基本结论是股利政策并不影响项目价值。但显然，项目的实际运营很难满足这一结论成立所需要的前提假设。

第四节　投资决策与融资决策的辩证关系

一、现金流与折现率的相互影响分析

投资决策和融资决策显然是相互影响的，融资决策一旦发生变化，不仅会影响到加权平均资本成本，也会使得现金流发生变化。

因此，极其有必要系统分析投资决策与融资决策的相互影响，即同时考虑第一公式中的现金流和加权平均资本成本之间的关系，以及与工程项目估值的关系。

二、WACC的局限性

加权平均资本成本WACC的定义，即式（2.4），包含了4个基本参数：股权资本成本r_S，债权资本成本r_B，税收t，以及项目的资本结构B/S。

事实上，股权资本成本用CAPM模型计算，但该模型在实证上很难成立，称为“CAPM之谜”；同时，债权资本成本的测算，也受“利率期限结构之谜”的影响；显然，税收也不能仅仅简化为公司所得税税率。

最关键的一点在于资本结构。假设当前的债务规模能够相对容易地测算，那么已知资本结构，实际上就知道了股权价值，从而可以推导出公司价值。此时，没有必要再使用WACC法进行估值。

因此，有必要对WACC中隐含的循环论证关系进行分析。

简言之，WACC是推论，而不是假设。

三、工程项目中的绝对估值法与相对估值法

现实中工程项目的估值方法，绝不仅仅只有唯一的第一公式。从大分类上讲，可以分为绝对估值方法和相对估值方法。

绝对估值方法中，有多种第一公式的变体；相对估值方法中，也有多种指标可供选择。

因此，有必要对估值方法进行系统的梳理与评析。

第五节　工程经济学在金融科技背景下的挑战

随着第三次工业革命的深入，大数据、云计算、人工智能、区块链等新兴技术的快速发展与广泛应用，为社会经济带来了翻天

覆地的变化。科技的变革同样会影响工程经济学的发展，传统的工程项目变得更加复杂，现金流预测难度上升，融资方式愈发多样化，经济学、金融学、管理学、计算科学等工程相关学科的结合愈加紧密，在此基础上诞生了“金融科技”的概念，对工程经济学的理论和实践造成了很大的冲击。

金融科技的英文缩写为FinTech，是由英文单词Finance与Technology合并而来的，也意味着金融科技是金融与科技互动、融合的结果。目前金融科技并无明确的定义，但是这个概念至少有以下几层含义：从业务角度，是指使用新兴技术改造传统金融业务；从技术角度，是指可以应用于金融行业的各类新兴技术；从发展角度，是指科技与金融融合发展带来的金融创新。

基于以上三层含义，金融科技带来的影响至少有以下三个方面：一是利用新兴技术改造传统业务，使已有业务焕发新的活力，如智能投顾、数字化营销等；二是使用新技术改造和完善金融基础设施，降本增效，扩大金融服务范围，推动普惠金融的发展，如第三方支付、智能客服等；三是科技与金融融合发展，由此可能催生出新的业务形态，构建新的金融服务逻辑，如众筹、互联网保险等。在第三次工业革命下，新技术对金融行业的影响较前两次工业革命的影响更为深远，但是这并未改变金融的本质，即使是基于新兴技术的金融创新，也是在遵循金融客观发展规律的前提下进行的。

在金融科技背景下，工程经济学的发展也是如此。新技术能够为工程经济学提供更多的工具，同时也带来了挑战，但是这并不会改变工程经济学的本质与规律。从前文可以看出，工程经济学是具有深厚经济学基础和经过实践检验的正确方法论，其看待问题、分析问题、解决问题的方法具有兼容性，并不会因为技术的进步而过时。但是在发展过程中，工程经济学也应顺应时代的潮流适时做出改变。因此，在金融科技背景下，工程经济学呈现出以下特点。

一是因技术进步而改进方法。工程经济学关注的重点在于项目，而随着新兴技术的发展与运用，项目形式越发多样，项目内在逻辑越发复杂。尤其是一些高科技企业，公司类型与盈利逻辑不断变化，技术与产品更新迅速，估值过程中往往存在缺少现金流数据、无形资产过高、难以确定可比公司、破产风险较大等问题。因此，此类公司的估值对工程经济学既有的方法论提出了极大的挑战。面对越来越复杂的研究对象，工程经济学也需在现有基础上更新方法论，为各类项目的价值评估提供指导。

二是为方法改进而使用技术。一个学科的发展，离不开工具的更新。大数据、云计算、人工智能、区块链等新兴技术在各行各业都已取得了较为成功的应用，工程经济学在发展过程中也需关注新技术在本学科的应用，通过二者融合实现进一步发展。

本章习题

1. 为什么说工程经济学的核心是工程项目的价值评估？
2. 谈谈对第一公理的理解。
3. 为什么说无套利是局部市场均衡？

第二部分

投资决策

第三章
规则的现金流结构

第一节　投资的时间价值与风险价值

一、投资的时间价值

在项目的投融资决策里，经常会听到这样一句话：今天的1元钱永远比明天的1元钱值钱。

今天的1元钱和明天的1元钱区别在哪里？一个常见的想法是，可以将今天的1元钱存到银行，这样到明天的这个时候，就可以获得一定的收益（姑且不论这个收益的大小）。这实际上就是“利息”的概念，亦即货币应该具有一定的时间价值。

货币的利息究竟源自何处？这里不打算进行伦理上的探讨，不过可以从考古发现给予一定的说明。考古学家发现，公元前3000多年，在美索不达米亚平原上生活的苏美尔人，其活动区域大约在今天的伊拉克东南部幼发拉底河和底格里斯河下游，就有关于利息的记载。

语言学家在考古学家发现的基础上，给出一种解释。苏美尔语“mash”表示利息，但它同时也可以用来表示小牛。拉丁语“pecus”有家畜的意思，表示货币的一词“pecunia”则由“pecus”衍生而来。这表明利息的原始构词或多或少都与动物的生殖相关。

不妨设想这样一种情景：你借给你的邻居1头公牛和1头母牛1年，用于帮助他耕地、种植庄稼，一年之后，这1公1母两头牛生了1头小牛，那么，这1头小牛的归属权应该属于你还是你邻居？小牛应该属于你自己，这个争议应该不大，这与货币为何具有时间价值或利息有一定的相通之处。

二、投资的风险价值

在项目的投融资里，同样也会经常听到这样一句话：高风险，高收益。

这句话有两个层面的含义：第一，投资者为了追求项目投资的高收益，愿意承担更高的风险；第二，由于项目存在较高的风险，投资者要求的收益也更高。进一步，又会派生出几个值得思考的问题。

1. 风险与经常涉及的不确定性，两个概念的区别是什么？

经济学家奈特（Frank Knight）在其1921年出版的名著《风险、不确定性与利润》中，就开始尝试对二者加以区分，并指出传统的风险理论忽略了可度量概率的风险与不可度量概率的不确定性之间的区别，即风险存在可度量的客观概率，不确定性存在不可度量的客观概率。

不确定性的客观概率不可度量，因而学者建立主观概率对不确定性加以度量，但这时太依赖于“主观”判断。对风险和不确定性这两个概念的界定，超出本书的讨论范围，本书基本都是用“风险”一词，不对两个概念加以严格界定。

2. 风险和收益怎么度量?

投资面临着风险，如果投资未来的现金流存在某个概率分布，就可以将其视为随机变量，这时候可以对随机变量的数字特征加以研究。这实际上就是马科维茨投资组合理论的核心思想。1952年，马科维茨在《金融学期刊》（The Journal of Finance）上发表了15页的“投资组合选择”（Portfolio Selection）一文，为金融理论引入了两个代理指标：用期望收益率来表示收益，用方差或标准差来表示风险。投资决策就可以转化为，给定期望收益率，追求方差或标准差最小的投资组合；或者，给定方差或标准差，追求期望收益率最大的投资组合。

这意味着，不仅投资的收益很重要，风险也同样重要，这二者之间存在着某种替代关系，投资者做投资时，不能仅仅关注投资的绝对收益。此后，金融学理论就有了基本的量化指标。因为这个贡献，马科维茨不仅获得了1990年的诺贝尔经济学奖，而且被视为当代投资理论的鼻祖。

3. 风险和收益的补偿机制是什么?

既然风险和收益同等重要，沿着马科维茨投资组合理论的方向，收益率的期望值与标准差之间应该满足什么样的代数关系？这就是前面提及的资本资产定价模型，即式（2.5）的CAPM模型，可以从以下三个角度加以理解。

第一，投资面临的风险需要补偿，但补偿要有度，不是对所有的风险都进行补偿。一般将风险分为系统性风险和非系统性风险，系统性风险指所有项目投资共同面临的风险，而单个项目投资面对的特有风险则被称为非系统性风险。非系统性风险可以借助项目经理的投资管理经验与多样化投资分散掉，因此，这类非系统性风险不需要进行补偿。项目投资对风险进行的补偿，仅需要针对系统性风险。不妨将式（2.5）重新表述如下：

$$r_i = r_f + \beta_i(r_m - r_f)$$

r_i表示单个投资项目 i 所要求的期望收益率。r_f可以理解为项目投资的时间价值，$\beta_i(r_m - r_f)$ 可以理解为对项目投资的风险补偿，这里 r_m 是市场组合的期望收益率，而市场组合度量的就是系统性风险，可以通过 β_i 体现出来，β_i 的定义是项目投资收益率与市场组合收益率的协方差除以市场组合收益率的方差。容易混淆的是，市场组合收益率和项目投资收益率都是随机变量，期望收益率和方差都是收益率这一随机变量的数字特征。

第二，风险补偿存在线性关系，这种线性关系从上式可以直观看出。市场组合收益率与无风险收益之差（$r_m - r_f$），有时也被称为风险溢价。

第三，无风险收益率 r_f 和风险溢价（$r_m - r_f$）是市场给定的，此时，期望收益率 r_i 和贝塔值 β_i 存在一一对应的线性关系。

三、两种价值的表现：折现率

项目完成投资后，对未来收入形成的现金流进行折现，就可以得到项目的价值或者现值，折现率则同时度量了项目投资的时间价值和风险价值。下面正式开始分析折现率。

第二节　单利、复利与连续复利

一、现值与终值

这里通过两个简单的例子来引入现值和终值。

【例3-1】假设甲将10000元存入银行，银行每年的利率是5%，则1年后，甲一共可以从银行取出多少钱？显然，一年后他可以得到：

$$10000+10000\times5\%=10500\text{ 元}$$

这里，10000元是本金，500元是利息，本息和为10500元。

假设初始投资额为C_0，要求的投资收益率为r，投资期为1年，则投资的终值（future value，FV）为：

$$FV=C_0(1+r)$$

【例3-2】假设甲明年这个时候需要使用10000元，银行的利率为5%，那么他当前需要存入多少元才可以在一年后获得10000元？显然，他需要存入：

$$10000\div(1+5\%)=9523.81\text{ 元}$$

即当前的9523.81元，相当于1年后的10000元。

假设投资1年后的终值为C_1，要求的折现率为r，则投资的现值（present value，PV）为：

$$PV = \frac{C_1}{1 + r}$$

基于终值或者未来现金流计算现值的过程，就称之为折现（discounting）。

终值和现值的计算过程，可以看出以下三点：

第一，终值与现值的计算，是一个互逆的过程。前者是立足当前，测算未来；后者是基于未来，测算当前。

第二，计算终值时，使用“收益率”一词居多，而计算现值时，使用“折现率”一词居多，与折现过程相对应。

第三，现值和终值的计算过程，反映了无套利思想。如果终值和折现率给定，那么现值必然是唯一确定的；同理，如果当前投资和收益率给定，那么终值也是唯一确定的，这实际上体现了无套利思想，即无论是投资方还是融资方，都不可能通过“低买高卖”的套利过程获益。

二、单利与复利

计算现值与终值的过程，很容易从1期情形推广到多期情形。首先考虑2期的情形。投资会产生利息，如果设想利息不再产生利息，就称之为单利。假设初始投资额为C_0，要求的投资收益率为r，投资期为2年，则终值为：

$$FV=C_0(1+2r)$$

如果利息继续产生利息，则称之为复利（compounding）。同样，投资期为2年的复利下，终值为：

$$FV=C_0(1+r)^2=C_0(1+2r+r\times r)$$

相比上面两式可以看出，单利与复利的唯一的区别就是$r\times r$，它实际上是1期后的利息再投资1期所获得的利息。因此，单利实际上是“息不生息”，而复利是“息又生息”。

投资T期的情形下，初始投资额为C_0，收益率为r，单利下的终值公式为：

$$FV=C_0(1+rT)$$

复利下的终值公式为：

$$FV=C_0(1+r)^T$$

除非特别指出，一般计算终值和现值都采用复利方式。$(1+r)^T$又被称之为复利终值系数（future value interest factor，FVIF）。

同理，复利情形下，假设T期的现金流为C_T，折现率为r，计算现值的一般公式为：

$$PV=\frac{C_T}{(1+r)^T}=C_T(1+r)^{-T}$$

这里，$(1+r)^{-T}$被称之为复利现值系数（present value interest factor，PVIF）。

【例3-3】假设甲将10000元存入银行，每年的收益率为5%，则3年之后，甲一共可以从银行取出多少钱？

若收益采用单利，则甲3年后可以取出：

$$10000 \times (1+5\% \times 3) = 11500 \text{ 元}$$

即当前的10000元相当于3年后的11500元，此时终值系数为1.15。

若收益采用复利，则甲3年后可以取出：

$$10000 \times (1+5\%)^3 = 11576.25 \text{ 元}$$

即当前的10000元相当于3年后的11576.25元，此时终值系数约为1.1576。

可以发现，复利计息的终值系数大于单利，因为复利下，利息也产生了利息，这一结果也可以通过以下不等式而得到：

$$T \geqslant 1 \text{ ， } (1+r)^T \geqslant (1+rT)$$

【例3-4】假设乙在银行存入了一笔钱，每年的收益率为20%，已知2年后乙可以从银行取出100800元。若收益采用单利，乙存了多少钱？复利呢？

若收益采用单利，则乙当前存入的金额为：

$$100800 \div (1+20\% \times 2) = 72000 \text{ 元}$$

即2年后的100800元相当于当前的72000元，此时现值系数约为0.7143。

若收益采用复利，则乙当前存入的金额为：

$$100800 \div (1+20\%)^2 = 70000 \text{ 元}$$

即2年后的100800元相当于当前的70000元，此时现值系数约为0.6944。

三、连续复利

现在考虑这样一种情况，甲将一笔金额为C_0的现金存入银行，银行的年收益率为r，如果1年付2次息，则1年后到期的终值为：

$$FV = C_0(1+\frac{r}{2})^2$$

进一步，如果1年付n次息，则1年后的终值为：

$$FV = C_0(1+\frac{r}{n})^n$$

借助极限的基础公式：

$$\lim_{n\to\infty}(1+\frac{1}{n})^n = e$$

其中，e为无理数，值约为2.718。可知，1年付无穷多次息后的终值为：

$$FV = \lim_{n\to\infty} C_0(1+\frac{r}{n})^n = C_0e^r$$

因此，初始投资为C_0、年收益率为r、T期后终值为：

$$FV = \lim_{n\to\infty} C_0(1+\frac{r}{n})^{nT} = C_0e^{rT}$$

这种计算复利的方式称为连续复利（continuous compounding）。如果将单利称为“息不生息”，将复利称为“息又生息”，那么连续复利就可以称为“息息不止”。这里，e^{rT}被称为连续型复利终值系数。

【例3-5】假设甲将10000元存入银行，每年的收益率为5%，若采用连续复利，3年之后，甲一共可以从银行取出多少钱？与【例3-3】中采用复利的结果有何不同？

若收益采用连续复利，则甲3年后可以取出：

$$10000 \times e^{5\% \times 3} = 11618.34\text{ 元}$$

即当前的10000元相当于3年后的11618.34元，此时终值系数约为1.1618，相比【例3-3】中采用复利的结果，连续复利的终值和终值系数都较大。

为对收益率区别起见，在连续型复利计算方式下，将r称为名义年收益率（annual percentage rate，APR），将$(e^r - 1)$称为实际年收益率（effective annual rate，EAR）。

【例3-6】假设某银行3年期定期存款的年利率为5%，那么这个5%指的是名义年收益率还是实际年收益率？若计息方式为连续复利，那么名义年收益率和实际年收益率分别是多少？

银行规定的定期存款利率指的是名义年收益率，当计息方式为连续复利时，实际年收益率为：

$$e^{5\%} - 1 = 0.0513$$

即名义年收益率为5%时，连续复利下的实际年收益率约为5.13%。

显然，T期现金流为C_T、年折现率为r的现值为：

$$PV = C_T e^{-rT}$$

e^{-rT} 被称为连续型复利现值系数。

【例3-7】假设乙在银行存入了一笔钱，每年的收益率为20%，已知2年后乙可以从银行取出100800元。若采用连续复利计息，乙存了多少钱？此时的现值系数为多少，与【例3-4】中的复利情形有何不同？

若收益采用复利，则乙当前存入的金额为：

$$100800 \times e^{-20\% \times 2} = 67568.26 \text{ 元}$$

即2年后的100800元相当于当前的67568.26元，此时现值系数约为0.6703。显然，采用连续复利时的现值系数小于【例3-4】中复利情形的现值系数。

为了不引起混淆，本书若出现连续复利计息，会进行特别说明，如无特别说明，默认不采用连续复利。

第三节　几种常见的现金流结构

一、永续年金

年金（annuity）是指有规律的、持续一段时间的现金收付，等额本金还贷、养老金等都是常见的年金形式。因此，年金是一种很有规律的现金流结构。

现在考虑一种简单而又特殊的年金，它未来各期的现金流相同，且永远持续下去，即永续年金（perpetuity）。不妨将这种年金设想为国债的利息，尽管我国目前还不存在这类债券，但国外有国家曾经发行过，如英国的“金边债券”，其因债券边的颜色金黄而得名。

假设未来每年的现金流均为C，折现率为r。约定期初用0时刻表示，现金流C在期末流入，如第3期现金流为C表示在第3期期末获得现金流C。

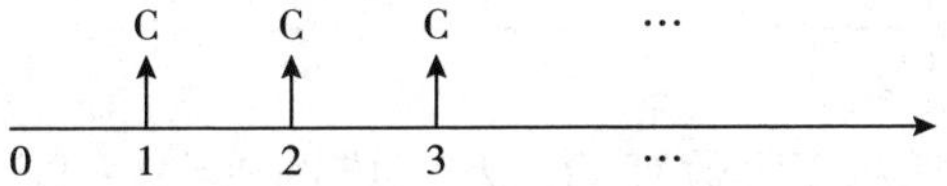

则该年金的现值为：

$$PV=\frac{C}{1+r}+\frac{C}{(1+r)^2}+\cdots+\frac{C}{(1+r)^T}+\cdots$$

将等式左右同时乘以$(1+r)$，可得：

$$(1+r)PV=C+\frac{C}{1+r}+\cdots+\frac{C}{(1+r)^{T-1}}+\frac{C}{(1+r)^T}\cdots$$

两式相减，整理可得：

$$PV=\frac{C}{r}$$

这个公式实际上就是第一公式（式2.1）的变体。

【例3-8】某一永续年金，未来每年都会获得100元，假设折现率为4%，则该永续年金的现值为：

$$100\div 4\%=2500\text{ 元}$$

二、年金

现在考虑正常形式的年金，它未来各期的现金流相同，存续一段时间。

假设该年金未来每年的现金流均为C，折现率为r，存续T期，则该年金的现值为：

$$PV=\frac{C}{1+r}+\frac{C}{(1+r)^2}+\cdots+\frac{C}{(1+r)^T}$$

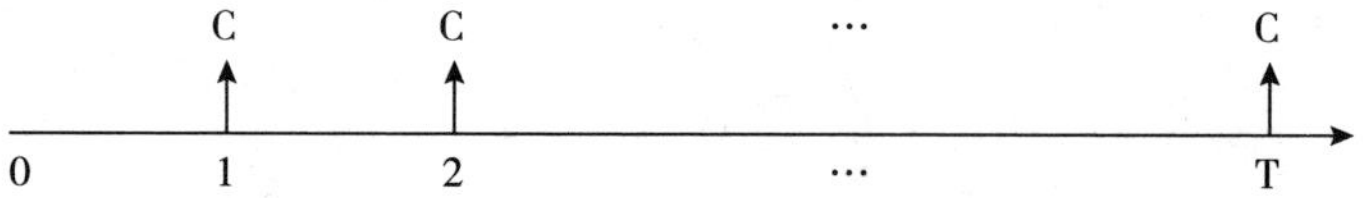

可以将其视为等比数列的求和，借助求和公式，可得：

$$PV=C(\frac{1}{r}-\frac{1}{r(1+r)^T})$$

其中，$(1/r)(1-(1+r)^{-T})$ 被称为年金现值系数（present value interest factor of annuity，PVIFA）。

事实上，也可以将上式视为两个永续年金相减：第1个永续年金从第1年开始，现金流为C，现值易知为C/r；第2个永续年金从T+1时刻开始，以T为基准点的现值为C/r，折现到当前的现值为 $(C/r)(1+r)^{-T}$，两式相减即可得到年金的计算公式。

【例3-9】某地引进人才计划约定，若应届毕业生满足学历、年龄等基本条件，且与当地企业签订长期劳动合同，工作前3年可享受每年人才补贴146410元，每年年末发放。假设折现率为10%，请问这笔人才补贴在工作第一年年初的现值是多少？

人才补贴的现金流如下图所示：

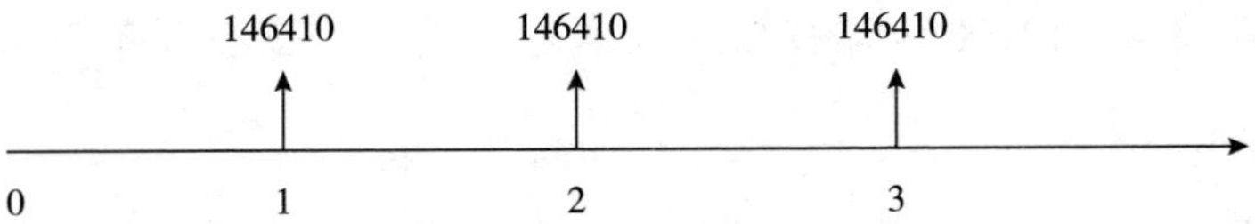

若贴现率为10%，则这笔人才补贴的现值为：

$$\frac{146410}{1+10\%}+\frac{146410}{(1+10\%)^2}+\frac{146410}{(1+10\%)^3}=146410(\frac{1}{10\%}-\frac{1}{10\%\times(1+10\%)^3})=364100$$

也就是说，这笔人才补贴在工作第一年年初的现值为364100元，此时的年金现值系数约为2.4869。

【例3-10】等额本息还款也是一种常见的年金形式现金流。等额本息还款是指借款人在借款后的一定时间内，定期偿付相同金额，直至还清借款。此外，还有一种名称相近的还款方式——等额本金，指借款人定期偿还等额本金，并支付产生的利息，直至还清借款，二者虽然名称相近，但现金流结构截然不同。

假设乙在银行借了21000元，约定2年内每年年末偿还，年利率为10%，若以等额本息方式偿还，请问乙每年应偿付多少钱？等额本金方式呢？

等额本息时，假设乙每年偿付的金额为X，还款现金流结构如下图：

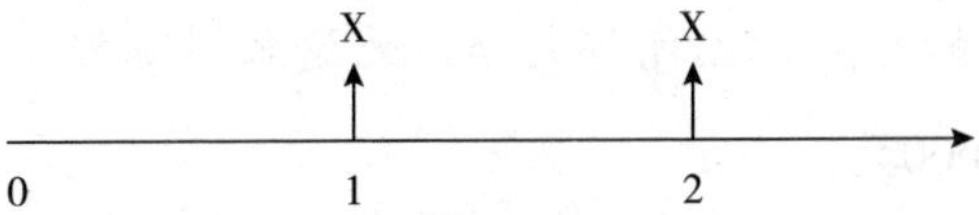

根据偿付金额的现值与当前借款总额相等，可得：

$$\frac{X}{1+10\%}+\frac{X}{(1+10\%)^2}=21000\text{ 元}$$

解得X=12100，即按照等额本息方式，乙应在每年年末偿还12100元。

等额本金时，乙每年偿还的本金为21000÷2=10500元，且需支付利息，第一年支付的利息为21000×10%=2100元，第二年支付的利息为10500×10%=1050元，还款现金流结构如下图所示：

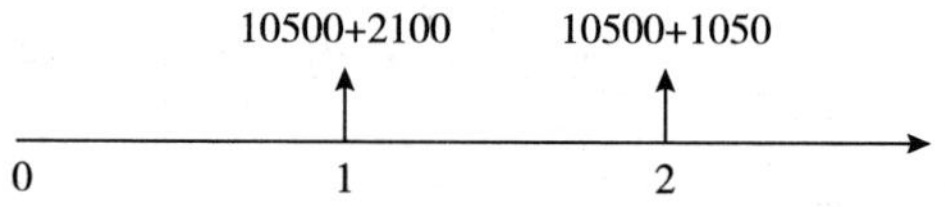

即按照等额本金方式，乙第一年应偿还12600元，第二年应偿还11550元。

为了更加直观地对这两类还款方式进行比较，做了如下表格：

	借款总额	第一期偿还本金	第一期支付利息	第二期偿还本金	第二期偿还利息	还款总额
等额本息	21000	10000	2100	11000	1100	24200
等额本金	21000	10500	2100	10500	1050	24150

比较这两种还款方式，不难看出，采用等额本息方式时，借款人每期偿还的金额相同，但本金和利息的比例不同，而采用等额本金方式时，借款人每期偿还金额依次递减，原因在于等额本金方式中的剩余计息本金逐期减少，所应支付的利息也逐渐减少。两种还款方式各有各的特点，无优劣之分，无论采用哪种方式，这笔还款的现值都是21000元。

只需要将现值乘以终值系数，就可以很方便地将年金现值公式转化为年金终值公式，则每年现金流为C、收益率为r、存续T期的年金的终值为：

$$FV=C(\frac{(1+r)^T}{r}-\frac{1}{r})$$

其中，$(1/r)((1+r)^T-1)$ 被称为年金终值系数（future value interest factor of annuity，FVIFA）。

【例3-11】甲今年开始工作，打算每年存一笔固定的金额3000元于保险公司，30年之后一次性取出。假设收益率为4%，则30年之后，甲可以一次性取出多少钱?

结合年金终值系数表，可得：

$$C\times FVIFA(r,T)=3000\times FVIFA(4\%,30)=3000\times 56.085=168255\text{ 元}$$

三、永续增长年金

现在永续年金的基础上考虑增长速度，即永续增长年金（growing perpetuity）。假设第1年年末的现金流为C，未来每年按g的速度增长，折现率为r，则该永续增长年金的现值为：

$$PV=\frac{C}{1+r}+\frac{C(1+g)}{(1+r)^2}+\cdots+\frac{C(1+g)^{T-1}}{(1+r)^T}+\cdots$$

参照永续年金求解方法，整理可得：

$$PV=\frac{C}{r-g}$$

从上式可以看出，折现率必须大于增长率：$r>g$。

【例3-12】丙公司打算今年年末给股东派发每股12元的股利，且以后每年按1%的速度增长，要求的折现率为5%，则丙公司目前的股票价格多少?

显然，丙公司的股利派发为永续增长年金，股票的价格即为派发的股利的现值，借助永续增长年金现值公式，丙公司当前的股票价格为：

$$\frac{C}{r-g}=\frac{12}{5\%-1\%}=300\text{ 元}$$

四、增长年金

现在考虑正常形式的增长年金。假设该年金年末的现金流为C，以后每年按g的速度增长，折现率为r，存续T期，则该年金的现值为：

$$PV=\frac{C}{1+r}+\frac{C(1+g)}{(1+r)^2}+\cdots+\frac{C(1+g)^{T-1}}{(1+r)^T}$$

借助等比数列求和公式，整理可得：

$$PV=\frac{C}{r-g}(1-(\frac{1+g}{1+r})^T)$$

【例3-13】甲毕业后加入某公司工作，第1年的薪酬为12000元。公司为留住人才，薪酬涨幅为每年5%。假设甲工作40年，折现率为10%，则甲在该公司工作40年薪酬总额的现值为多少？

根据增长年金现值公式，可得薪酬总额的现值应为：

$$\frac{12000}{10\%-5\%}\times(1-(\frac{1+5\%}{1+10\%})^{40})=202668.47\text{ 元}$$

五、其他形式的年金

年金有时并非从第1年就开始获得，而是从未来某年再开始，这种年金被称为递延年金（delayed annuity）。

另外，之前研究的年金都是从第1年年末开始收付，这被称为正常年金（ordinary annuity）；如果从期初就开始收付，则被称为先付年金（annuity due）。

当然，还有其他形式的各种年金，这里不再展开。

【例3-14】甲夫妇年初喜获一女，打算给他们的女儿存一笔教育基金，以供女儿读本科和研究生。假设他们的女儿从18岁开始读大学（假设第1次学费支付在第18年年末），连续10年，每年的学费均为2万元。假设甲夫妇从今年年末就开始存款，一直存到第17年年末，未来数十年的折现率均为10%，请问每年需要存款多少？

首先，画出学费支出的现金流结构如下图：

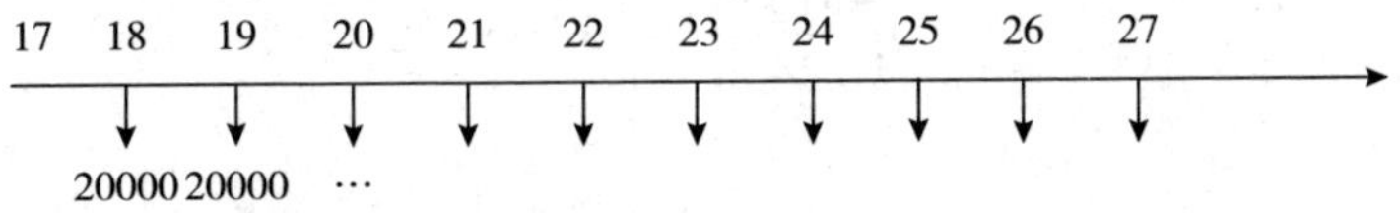

则学费支出在今年年初的现值为：

$$\frac{20000\times \text{PVIFA}(10\%,10)}{(1+10\%)^{17}}=24313.40\text{ 元}$$

假设每年存款X元，画出存款的现金流结构如下图：

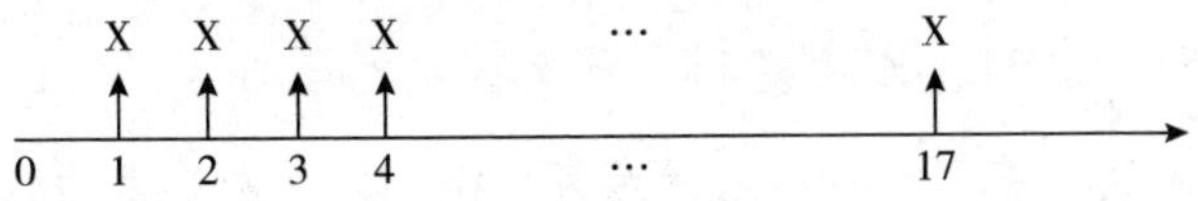

则存款在今年年初的现值为：

$$X\times \text{PVIFA}(10\%,\ 17)\text{ 元}$$

由存款与学费支出的现值相等，解得：

$$X=\frac{24313.40}{PVIFA(10\%,\ 17)}=3031.01\text{ 元}$$

【例3-15】延续【例3-14】中的讨论，若存款额度每年增长4%，每年存款金额将变为多少？

易知，学费支出的现值仍为24313.40元。

假设第一年年末存Y元，根据增长年金公式，可得存款的现值为：

$$\frac{Y}{10\%-4\%}(1-(\frac{1+4\%}{1+10\%})^{17})=Y\times 10.2436\text{ 元}$$

由存款与学费支出的现值相等，解得：

$$Y=\frac{24313.40}{10.2436}=2373.51\text{ 元}$$

本章习题

1. 为什么说“今天的1元钱永远比明天的1元钱值钱”？

2. 所有风险都会得到补偿吗？为什么？CAPM模型度量的是哪种风险？

3. 单利、复利、连续复利有什么区别？

4. 甲在银行存了50000元，定期5年，每年收益率为10%，若以单利计息，这笔存款5年后的终值是多少？复利呢？

5. 若名义年收益率为5%，那么连续复利下实际年收益率与名义年收益率的差值是多少？若名义收益率为10%呢？你发现了什么？（已知 $e^{0.05}=1.0513$ ，$e^{0.1}=1.1052$ ）

6. 折现率为10%，期限为3年的年金现值系数是多少？

7. 甲今年55岁，将在65岁时退休，退休后每年可收到一笔政府发放的慰问金10000元直到80岁，若折现率为10%。

（1）请问这笔慰问金在今年年初的现值是多少？

（2）为抵御物价上涨带来的购买力损失，政府决定每年的慰问金将在前一年的基础上调5%，那么这笔慰问金的现值变成了多少？

第四章
经营现金流量预测基础

第一节　现金流与管理用财务报表

一、现金流与利润

现金流是对资金流入与流出的测算，利润是收入减去成本，二者高度相关。那么，在使用折现率对项目未来的现金流进行折现时，是否应该采用利润表中的净利润？答案很显然：不应该。这一点从【例4-1】中可以直观看出。

【例4-1】丙公司打算新上一条生产线，购买设备的成本是20万元，也就是说当前现金流出量为20万元。但是，在利润表的编制中只会计入4万元折旧（假设该设备使用5年，采用直线折旧法）。显然，此时利润表中的净利润并不能准确反映20万元现金流出的概念。

经济学理论中经常指出，在完全竞争市场中，企业的利润为

0，而在会计学的利润表中，企业的净利润经常为正，二者之间的差异是因为对利润的度量不同。经济学中，企业本身只是壳，是资本的需求方，进行生产时所需的资本，都可以设想为从外部借入，这时候度量利润需要把资本的成本减掉。但是在会计学的利润中，企业股东股权投资形成的这部分收入，就可以反映在净利润中。

二、经营现金流量

财务报表一般具有传统的财务报表和管理用财务报表两个体系，和工程经济学相关的主要是管理用财务报表，尤其是管理用现金流量表。传统现金流量表里面的“经营活动产生的现金流量”和管理用现金流量表中的“经营现金流量”（operating cash flow，OCF）有所不同，后者还包括生产性资产投资活动所产生的现金流，而前者并不包括。为避免混淆，本书不涉及前者。另外，项目中的债权留待融资决策中分析，其对项目估值的影响主要体现在对经营现金流量折现时使用的折现率上。下面给出几个常用的定义。

1. 折旧、摊销及息税前利润（EBITDA）

产品的价格与销量相乘，可以得到营业收入，减去营业成本，可以得到毛利润。营业收入主要指企业或项目的产品销售收入、服务收入等，营业成本主要包括原材料成本、生产产品的成本、直接人员的工资等。在毛利润的基础上，减去销售费用、管理费用和研发费用这三大费用，基本可以测算出折旧、摊销及息税前利润（earnings before interest，taxes，depreciation and amortization，

EBITDA），EBITDA的表达式如下：

EBITDA=营业收入—营业成本—销售费用—管理费用—研发费用

2. 息税前利润（EBIT）

在EBITDA的基础上减去折旧（depreciation，D）和摊销（amortization，A），就可以得到息税前利润（earnings before interest and taxes，EBIT）。EBIT的表达式如下：

$$EBIT = EBITDA - D - A$$

其中，折旧是针对固定资产而言的，如房屋建筑、机器设备等，常见的折旧方法包括直线折旧法、加速折旧法等。摊销是针对无形资产而言的，如软件、专利等，无形资产与固定资产都可以长时间内为收入做出贡献，无形资产的摊销和固定资产折旧的处理方式类似。

3. 税后经营净利润（NOPAT）

假设企业所得税税率为t，息税前利润纳税后，可得税后经营净利润（net operating profit after tax，NOPAT）。税后经营净利润可以表示为：

$$NOPAT = EBIT \times (1 - t)$$

一个与之紧密联系的概念是净利润（net income，NI）。净利润是扣除利息费用（I）后再进行纳税，即净利润可以表示为：

$$NI = (EBIT - I) \times (1 - t)$$

4. 经营现金流量（OCF）

在税后经营净利润基础上，加上折旧（D）与摊销（A），减去经营营运资本增加（additions to net working capital，ANWC）和资本支出（capital expenditures，Capex），就可以得到经营现金流量。用公式可以表示为：

$$
\begin{aligned}
OCF &= NOPAT + D + A - ANWC - Capex \\
&= EBIT \times (1 - t) + D + A - ANWC - Capex
\end{aligned}
$$

经营现金流量，有时也称为经营性现金流或实体现金流量，反映了企业或项目经营活动的全部成果，是“生产的现金”。项目的价值取决于未来预期的经营现金流量，要想使项目价值更高，就应当致力于增加项目的经营现金流量。

其中，经营营运资本（net working capital）是经营性流动资产与经营性流动负债之差，可以对应产品的原材料购买、存货、应收账款、预留现金等，一般在企业业务扩展时会有所增加。资本支出，有时也称为资本性支出，主要指企业或项目购置长期资产的支出，包括固定资产和无形资产的购买支出等。

三、折旧、摊销与利息

从折旧、摊销及息税前利润（EBITDA）、净利润（NI）的表达式可以看出，在纳税之前，需要减去折旧（D）、摊销（A）和利息（I），因此，这三者都可以起到降低税收的作用，也被称为税盾效应（tax shield）。折旧、摊销和利息是税盾效应的三个重要源泉，那为什么在计算经营现金流量时，折旧和摊销计入经营性现金流，而利息却不计入呢？

首先，对于没有负债（即无杠杆）的企业或项目而言，无论使用税后经营净利润（NOPAT）还是使用净利润（NI），测算的经营现金流量是一致的。

其次，折旧和摊销只是在账面上的处理，并没有发生实际的现金流流出，项目中可以随时动用这笔现金，因此应该计入经营现金流量。但是，利息是需要实际支付给债权人的，属于财务费用，因此不应该计入经营现金流量。

最后，扣除完折旧和摊销形成的息税前利润，除税收外，实际上是在债权人和股东之间进行分配，债权价值和股权价值一起构成了项目价值。这也是利息与折旧、摊销之间最大的不同点。

下一节从项目假设出发，通过测算经营现金流量的案例，具体说明本节提出的各个概念和名词，以加深对本节的理解。

第二节　经营现金流量测算：一个例子

一、项目假设

丙公司年初打算运营一个新项目，需要组建一个新的项目营运团队。新项目为期6年。项目需要1条生产线，因此需要购买设备和相应的专利使用权，即项目会产生相应的折旧和摊销。假设项目的投资资金都来自于丙公司，项目没有债权，此时，税后经营净利润（NOPAT）与净利润（NI）相等，本节不使用净利润的概念。

1. 资本支出

假设年初购买生产线设备需要240万元，购买专利使用权需要18万元，对设备的折旧与对专利权的摊销均使用直线折旧法。此外，假设第6年年末设备无残值，以简化项目现金流测算。

2. 产品的销量、价格与成本

假设第1年产品的销量为10万个，并预计第2年会增长20%。此后增长速度变缓，第3年至第6年每年销量增长10%。同时，假设当年生产的产品可以全部销售出去。

第1年产品销售单价为20元，考虑到产品的受欢迎程度、通货膨胀等因素，产品的销售单价每年增加6%。

生产产品时，考虑原材料、工资等因素，第1年生产单位产品的可变成本为10元，总固定生产成本为2万元。考虑原材料价格上涨、工资上涨等因素，产品的单位可变成本每年上涨5%，固定生产成本不变。

3. 销售费用、管理费用与研发费用

销售费用主要指产品销售过程中发生的各种费用，如推广产品的广告费，预计占当年营业收入的5%。管理费用是项目管理部门为组织和管理生产活动而发生的费用，预计占营业收入的3%。除了购买可供使用的专利外，项目团队还需投入研发，用以提高产品的产量和质量，这一支出称为研发费用，预计占营业收入的2%。

4. 经营营运资本与税率

为了能够顺利生产和销售，项目年初需要投入经营营运资本50万元，次年经营营运资本需要增加10%，此后产品销量进入稳定增长期，每年经营营运资本较上年增加8%，但在项目结束时完全收回。也就是说，对经营营运资本的投入，在项目周期结束时能够完全回收。

假设项目只缴纳25%的企业所得税，忽略增值税等各类附加税及其他。

二、测算营业收入与营业成本

项目的营业收入可以通过预测得到的产品销量与销售价格相乘获得。营业成本由固定生产成本和可变成本组成，可变成本通过当年的单位可变成本与产品销量相乘获得。例如，第2年产品销量为120000个，对应的价格在第1年20元的基础上上涨6%，即第2年的价格为21.2元，相乘即可得第2年的营业收入2544000元。依次类推，项目的营业收入与营业成本如表4-1所示。

表4-1　　营业收入与营业成本测算

	第1年	第2年	第3年	第4年	第5年	第6年
产品销量（个）	100000	120000	132000	145200	159720	175692
单位销售价格	20.0	21.2	22.5	23.8	25.2	26.8
营业收入（元）	2000000	2544000	2966304	3458710	4032856	4702311
单位可变成本	10.0	10.5	11.0	11.6	12.2	12.8
固定生产成本	20000	20000	20000	20000	20000	20000
营业成本（元）	1020000	1280000	1475300	1700872	1961407	2262325

注：营业收入=单位销售价格×产品销量，营业成本=单位可变成本×产品销量+固定生产成本。

三、测算税后经营净利润

在测算完营业收入的基础上，可以分别测算出销售费用、管理费用与研发费用。在营业收入、营业成本和三大费用的基础上，可以测算出折旧、摊销及息税前利润（EBITDA）。用EBITDA减去折旧（D）和摊销（A），可以获得息税前利润（EBIT）。用EBIT扣减企业所得税，可以获得税后经营净利润（NOPAT）。因为采用直线折旧法，折旧（D）和摊销（A）每年分别为40万元与3万元。项目税后经营净利润如表4-2所示。

表4-2　税后经营净利润（NOPAT）测算　单位：元

	第1年	第2年	第3年	第4年	第5年	第6年
营业收入	2000000	2544000	2966304	3458710	4032856	4702311
营业成本	1020000	1280000	1475300	1700872	1961407	2262325
销售费用	100000	127200	148315	172936	201643	235116
管理费用	60000	76320	88989	103761	120986	141069
研发费用	40000	50880	59326	69174	80657	94046
EBITDA	780000	1009600	1194374	1411968	1668164	1969755
折旧（D）	400000	400000	400000	400000	400000	400000
摊销（A）	30000	30000	30000	30000	30000	30000
EBIT	350000	579600	764374	981968	1238164	1539755
税收	87500	144900	191093	245492	309541	384939
NOPAT	262500	434700	573280	736476	928623	1154816

注：EBITDA=营业收入-营业成本-销售费用-管理费用-研发费用；EBIT=EBITDA-D-A；NOPAT=EBIT×（1-t）。

四、测算经营营运资本增加

为了测算经营现金流量，还需测算经营营运资本增加额。基于项目的预测，经营营运资本增加可以通过下一年的经营营运资本

（NWC）与当年的经营营运资本相减获得，测算如表4-3所示。

表4-3　　经营营运资本增加（ANWC）测算　　单位：元

	第0年	第1年	第2年	第3年	第4年	第5年	第6年
NWC	500000	550000	594000	641520	692842	748269	0
ANWC	500000	50000	44000	47520	51322	55427	-748269

五、测算经营现金流量

在税后经营净利润（NOPAT）、折旧（D）、摊销（A）和经营营运资本增加（ANWC）的基础上，结合资本支出（Capex）的设备258万元，其中机器设备240万元，专利18万元，就能最终得出经营现金流量（OCF）。

表4-4　　经营现金流（OCF）测算　　单位：元

	第0年	第1年	第2年	第3年	第4年	第5年	第6年
NOPAT	0	262500	434700	573280	736476	928623	1154816
D	0	400000	400000	400000	400000	400000	400000
A	0	30000	30000	30000	30000	30000	30000
ANWC	500000	50000	44000	47520	51322	55427	-748269
Capex	2580000	0	0	0	0	0	0
OCF	-3080000	642500	820700	955760	1115154	1303196	2333085

注：OCF=NOPAT（税后经营净利润）+D（折旧）+A（摊销）-ANWC（经营营运资本增加）-Capex（资本支出）。

至此，经营现金流量的基本测算过程已全部给出，基于经营现金流量就可以进行相应的价值测算与投融资决策。

从经营现金流量的测算过程可以看出，现金流测算中最核心的一点是对项目进行的相关假设。一旦假设给定，项目的经营现金流量实际上就已经确定。测算的过程相对比较科学，因此从某种程度上看，项目的相关预测假设至关重要，这就需要较丰富的行业经验，确保对于产品价格、销量、销售费用等的假设设定合理。

因此，工程经济学既依赖于科学的分析，也离不开实践的指导。

第三节　经营现金流量的三种计算方式

一、自上而下法

从经营现金流量的计算过程可以看出，经营现金流量可以直接用折旧、摊销及息税前利润（EBITDA）减去所缴纳的税收（Tax）、经营营运资本增加（ANWC）和资本支出（Capex）计算得到，这种计算方法又被称为自上而下法，即逐条相减。

自上而下法的推导过程如下：

$$
\begin{aligned}
OCF &= (EBITDA - D - A) \times (1 - t) + D + A - ANWC - Capex \\
&= EBITDA - t \times (EBITDA - D - A) - ANWC - Capex \\
&= EBITDA - Tax - ANWC - Capex
\end{aligned}
$$

其中，税收表示为 $Tax = t \times (EBITDA - D - A)$ 。

其便捷性一目了然，折旧和摊销仅仅体现在税收的处理上，简洁地对经营现金流量发挥作用。

自上而下法可以很清晰地看出经营现金流量的特点。EBITDA是营业收入减去成本及各类费用的所得，反映当期现金流入情况。在此基础上，缴纳税收，反映这个时点的现金流出，经营营运资本增加反映这个时点的另一笔现金流出，再减去购买长期资产的资本支出，剩余的现金流基本就是项目在这个时点新增加的可用的现金流。折旧和摊销在其中的作用只是合理规避一部分税收。因此，自上而下法计算的经营现金流量实际上就是在现金流入的基础上减去几笔现金流出后的剩余现金流。

【**例4-2**】基于本章第二节的案例，以第1年为例，使用自上而下法测算当年现金流。

显然，EBITDA=780000，Tax=87500，ANWC=50000，Capex=0，则：

$$OCF=780000-87500-50000=642500\text{元}$$

二、自下而上法

上一节使用的正常测算方法，称之为自上而下法。优点在于比较好理解，缺点是计算略显繁琐。

自下而上法的出发点是税后经营净利润（NOPAT），加上折旧和摊销，减去经营营运资本增加和资本支出即可得到经营现金流量。

显然，自下而上法与自上而下法得到的结论一致。

三、税盾效应法

还有一种方法，被称之为税盾效应法，也可以视为自上而下法的一个变体。依旧是从折旧、摊销及息税前利润（EBITDA）出发，对其直接纳税后，加上税盾效应，再减去经营营运资本增加和资本支出即可得到经营现金流量。

简要证明如下：

$$
\begin{aligned}
OCF &= (EBITDA - D - A)\times(1-t) + D + A - ANWC - Capex \\
&= EBITDA\times(1-t) + t(D+A) - ANWC - Capex \\
&= EBITDA\times(1-t) + TS - ANWC - Capex
\end{aligned}
$$

其中，$TS = t\times(D+A)$ 度量的是税盾效应。

这种方法突出度量了税盾效应，但在实际应用中并不经常使用。

【例4-3】基于本章第二节的案例，以第1年为例，使用税盾效应法测算当年现金流。

显然，EBITDA=780000，D=400000，A=30000，ANWC=50000，Capex=0，t=25%，则：

OCF=780000×（1-25%）+25%×（400000+30000）-50000=642500元

本章习题

1. 经营现金流量（OCF）与息税前利润（EBIT）之间是什么关系？

2. 某设备的购置成本为1000万元，按照直线折旧法计提折旧，计提年限为5年，残值为100万元，若5年后出售该设备得到150万元，则与该设备购置、使用、处置相关的经营现金流量增量是多少？假设公司所得税税率为20%。

3. 某公司计划在未来5年生产产品A，每年生产1万件，每年生产产品的固定成本为180万元，变动成本为120元/件。而产品的单位定价为330元/件。投入生产前，需要投入经营营运资本100万元，而后每年经营营运资本额外增加20万元，第5年收回之前投入的所有经营营运资本。生产设备的初始安装费用为50万元，5年内以直线折旧完毕。公司所得税税率为20%，要求项目回报率为10%。基于上述描述，请问该项目的净现值为多少？内部收益率为多少？

第五章
投资决策的基本方法

第一节　净现值

一、净现值的定义

对于任何一个项目，决策者首先想到的就是：该项目能挣多少？项目投资的年化收益率是多少？能获得几倍的回报？大约多久能将投资额收回？

基于对年金未来现金流的折现分析，以及经营现金流量的预测，就可以正式引入净现值（net present value，NPV）的定义，利用净现值，可以回答“该项目能挣多少”这一问题。

假设项目存在 T 期，项目初期投入为 C_0，即现金流出 C_0，未来 T 期内各期的现金流为 C_i，因此，项目的现金流可以表示为（$-C_0,C_1,C_2,\cdots,C_T$），如下图所示：

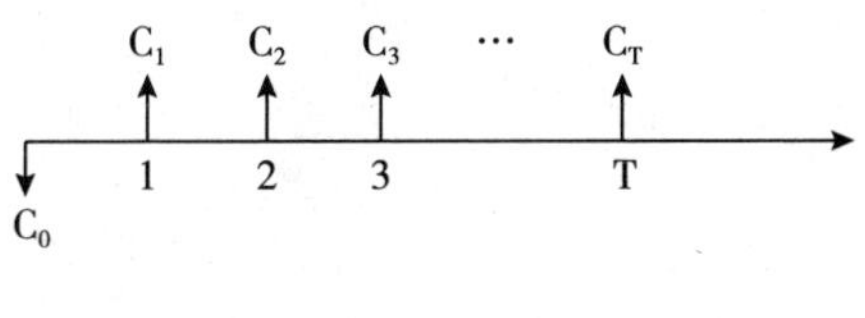

假设现金流的折现率为r，则项目的净现值定义为：

$$NPV=\sum_{i=1}^{T}\frac{C_i}{(1+r)^i}-C_0=PV-C_0$$

这里的“净”字，体现在未来的现金流贴现值之和（即项目现值PV）与初始投入C_0的相减上。从定义上看，NPV方法实际上是把未来所有的现金流都折现到某一相同的时点上，最适合作为基准点的就是第0期，即项目的期初。如果不减去期初的投入C_0，就是项目的现值PV。简要表达就是，项目的NPV与PV相差一个初始投入C_0。

项目中的现金流实际上就是前面提到的经营现金流量（OCF），因此，项目的净现值可以表示为：

$$NPV=\sum_{i=1}^{T}\frac{OCF_i}{(1+r)^i}-C_0=PV-C_0$$

这里，$C_0=-OCF_0$，即将期初的经营现金流量视为投入。

如果项目运营良好，会永远经营下去，即假设项目永续经营，此时计算项目的净现值，只需把经营现金流量的周期由T期变换为无穷期，但测算长期OCF相对较复杂，容易使得NPV的可信度下降。在永续经营假设下，净现值的表达式与上式类似：

$$NPV=\sum_{i=1}^{\infty}\frac{OCF_i}{(1+r)^i}-C_0=PV-C_0$$

如果项目各期现金流都相同，即$OCF_i\equiv OCF$，实际上就可以将项目视为永续年金。上式就可以进一步简化为：

$$NPV=\frac{OCF}{r}-C_0$$

这也是第一公式的变体。

二、净现值下的决策规则

净现值方法实际上是把未来各期的现金流全部折现到项目期初，再与项目期初的投入相比。显然，只要净现值为正，就可以接受该项目；如果为负，就拒绝该项目。

NPV决策规则：若NPV>0，接受该项目；若NPV<0，拒绝该项目。

净现值法具有广泛的适用性，方法论基础也较为完善，因此在项目实践中被普遍使用。

【例5-1】基于第四章第二节的案例，已经知道了项目的6年经营现金流量：（-3080000，642500，820700，955760，1115154，1303196，2333085）。假设项目使用的折现率为10%，则项目的净现值为：

$$
\begin{aligned}
NPV=\sum_{i=1}^{6}\frac{OCF_i}{(1+r)^i}-C_0&=\frac{642500}{1+10\%}+\frac{820700}{(1+10\%)^2}+\frac{955760}{(1+10\%)^3}\\
&+\frac{1115154}{(1+10\%)^4}+\frac{1303196}{(1+10\%)^5}+\frac{2333085}{(1+10\%)^6}-3080000\\
&=1788245>0
\end{aligned}
$$

因为该项目净现值为正，应该接受该项目。

【例5-2】丙公司打算推行一个新品开发项目。预计项目期初需要投入500万元，第1年至第3年年末经营现金流量为100万元、90万元和80万元。从第4年起，未来每年年末的经营现金流量均为70万元。假设丙公司对项目使用的折现率是r=10%。请问丙公司该如何决策?

显然，项目的OCF结构为：（-500，100，90，80，70，70，70，…）。此时借助永续年金公式，将第4年起的未来经营现金流量折现至第3年年末，基于折现率r=10%，第3年年末的OCF相当于增加：70÷10%=700万元。此时，与项目等价的OCF结构可以相应表示为：（-500，100，90，780），从而大大简化了分析。进一步计算项目的NPV：

$$NPV=\frac{100}{1+10\%}+\frac{90}{(1+10\%)^2}+\frac{780}{(1+10\%)^3}-500=251\text{万元}>0$$

显然，NPV>0，基于NPV决策，丙公司应该实施此项目。

在实践应用中，如果项目的整体OCF结构呈现不规则状态，但是部分OCF结构具有规律，可以将这部分有规律的OCF折现至某一时点，以简化净现值的计算。如本例中，就将第4年之后的所有现金流折现至第3年年末。

三、净现值计算的基本要素

净现值方法是将项目未来所有的经营现金流量，基于一定的折现率，折现到项目期初与项目初始投入进行比较。显然，使用净现值方法必须具备三个基本要素：折现率，经营现金流量，项目周期。

1. 折现率

在此前的净现值计算过程中，折现率一直被视为外生给定

（由外界环境给定，不发生改变的）。融资决策中，本书会进一步探讨折现率的本质。折现率r到底是什么呢？可以先这样理解：折现率是将项目的初始投资 C_0 投资于与本项目风险相同的其他项目中，所能获得的最大收益率。从投资的角度讲，折现率是理想中存在的收益率，并不会实际发生；从项目融资的角度讲，这种收益率就是项目的机会成本。同时，折现率蕴含了对风险的度量，不同的风险下，预期的收益率不一样，因为需要对风险进行补偿。

因此，使用净现值方法对项目现金流进行折现，实质是在风险相同的条件下，将该项目与其他项目进行比较：如果净现值为正，表明投资该项目比投资其他项目更有利，进而选择该项目；如果净现值为负，表明该项目的投资回报不如其他项目，进而拒绝该项目。

如果项目在周期内采用多个折现率，就需要在每个时点使用对应的折现率。采用相同折现率的好处是便于计算。是否采用多个折现率，取决于项目的实际运营情况。

2. 经营现金流量

经营现金流量度量了项目经营活动的全部成果，对经营现金流量进行折现，就是将项目未来的全部经营成果折现到期初，与项目期初的资本投入进行比较。经营现金流量测算的精确程度，直接关系到项目价值评估的准确程度，对投资决策至关重要。

3. 项目周期

测算净现值时，应该考虑项目的周期，以及周期内的所有经营现金流量。由此可见，周期越长，经营现金流量的预测精度越容易降低；周期越短，经营现金流量的预测精度越容易提高。

四、净现值的折现方式

净现值的计算公式中，蕴含了基于复利的折现方式。计算时间价值时，实际上存在单利、复利与连续复利三种方式。那么使用单利和连续复利是否可以？不妨假设未来各期的经营现金流量都相同且项目永续经营，以简化分析。

单利折现下，项目的净现值可以表示为：

$$NPV = OCF \times \sum_{i=1}^{\infty} \frac{1}{1+ir} - C_0$$

显然，使用单利方式折现，对分母的处理较为复杂，而且级数求和不收敛，因此即使是规则的现金流，也很难给出简洁的表达式。

连续复利折现下，项目的净现值可以表示为：

$$NPV = OCF \times \sum_{i=1}^{\infty} e^{-ir} - C_0 = \frac{OCF}{e^r - 1} - C_0$$

这时候可以进行简化运算。且由于 $e^r - 1 > r$，存在以下关系式：

$$\frac{OCF}{e^r - 1} - C_0 < \frac{OCF}{r} - C_0$$

显然，使用连续复利方式折现，与复利方式相比，会降低项目的净现值。单利方式没有考虑利息的收益，而连续复利方式容易高估利息的收益，复利方式介于二者之间，在实践中较为常用。

第二节 内部收益率

一、内部收益率的定义

净现值法是对项目价值的绝对度量，而要排除项目规模大小对投资决策的影响，就可以使用内部收益率（internal rate of return，IRR）。利用内部收益率，可以回答“项目投资的年化收益率是多少”这一问题。

假设项目存在T期，项目初期投入为C_0，即现金流出C_0，未来T期内各期的经营现金流量为OCF_i，项目的现金流可以表示为（$-C_0, OCF_1, OCF_2, \cdots, OCF_T$）。内部收益率定义为使项目净现值为0的折现率，即内部收益率是下述方程的解：

$$\sum_{i=1}^{T}\frac{OCF_i}{(1+IRR)^i}-C_0=0$$

内部收益率需要求解方程才能获得，这也是称之为“内部”的原因。

从上式也可以看出，计算IRR时，只需要经营现金流量OCF与项目周期T，不需要使用折现率，因为IRR是特殊的折现率。

二、内部收益率下的决策规则

内部收益率使用到了净现值的计算方式，是一种特殊的折现率。如前所述，折现率是将资本投资于同等风险下的其他项目的最大收益率。如果项目内部收益率大于净现值测算中的折现率，表明本项目的收益率高于机会成本，使用折现率折现时，项目的净现值就将为正，此时就应该接受该项目。

IRR决策规则：若IRR>r，接受该项目；若IRR<r，拒绝该项目。

内部收益率容易理解和交流，而且是项目本身所直接决定的，因此在项目实践中经常被使用。由于IRR涉及高次方程求解，实践中经常使用插值法来求解。

【例5-3】插值法求解。

丙公司考虑是否实施为期3年的产品研发项目。预期年初需要投入300万元，3年年底分别可获得50万元、200万元和280万元，项目的OCF表示为：（-300，50，200，280）。此时，IRR实际上可以转化为一元三次方程求解，虽然也有求根公式，但较为繁琐，此时可借助插值法计算IRR。

第一步：任意取2个折现率，能使得NPV一正一负，这样IRR一定会介于选择的这2个折现率之间。不妨选取2个折现率为20%和30%。

若r=20%，NPV=42.59万元；若r=30%，NPV=-15.75万元。

NPV一正一负表明，IRR介于20%和30%之间。

第二步：选择第一步中2个折现率的中间值，判断NPV正负，IRR会介于使NPV一正一负的折现率之间。20%和30%的中间值为25%，若r=25%，NPV=11.36万元。这一结果表明，IRR介于25%和30%之间，这就进一步缩小了IRR的可能区间。

第三步：重复第二步的过程，直至寻找出使NPV为0的IRR。基于第二步，进一步选择r=27.5%，则NPV=-2.66万元。此时NPV已经充分接近0了，不妨选择r=27%，NPV=0.06万元，可以将这一折现率近似视为IRR。当然，可以进一步将NPV逼近至0，本例中，可以进一步精确为：IRR=27.01%。

【例5-4】基于第四章第二节的案例，已经知道了项目的6年经营现金流量：（-3080000，642500，820700，955760，1115154，1303196，2333085）。

项目的内部收益率IRR计算如下：

$$\sum_{i=1}^{6}\frac{OCF_i}{(1+IRR)^i}-C_0=\frac{642500}{1+IRR}+\frac{820700}{(1+IRR)^2}+\frac{955760}{(1+IRR)^3}+\frac{1115154}{(1+IRR)^4}+\frac{1303196}{(1+IRR)^5}+\frac{2333085}{(1+IRR)^6}-3080000=0$$

计算可得内部收益率为：IRR=24%。

三、内部收益率的常见问题

内部收益率虽然易于理解和交流，但在实际运用中却存在诸多问题。由于净现值是绝对值而内部收益率是比率，二者容易形成冲突，对于这一问题，本书将在互斥项目部分进行专门分析，这里先主要探讨其余几个常见问题。

1. 内部收益率不区分投资与融资

现在考虑运营T期的融资项目，即经营现金流量呈现“先流入、再流出”的特点。项目初期流入现金流为 C_0，即现金流入 C_0，未来T期内第i期经营现金流出为 OCF_i，此融资项目的现金流可以表示为（$C_0,-OCF_1,-OCF_2,\cdots,-OCF_T$）。融资项目的内部收益率是以下方程的解：

$$C_0-\sum_{i=1}^{T}\frac{OCF_i}{(1+IRR)^i}=0$$

显然，它与现金流结构（$-C_0,OCF_1,OCF_2,\cdots,OCF_T$）的内部收益率相同，即内部收益率不区分投资与融资。但是，融资项目与投资项目在使用内部收益率判断是否接受项目时则完全相反。在投资项目中，只要投资项目的内部收益率高于折现率，就接受，因为在现有折现率基础上，项目净现值为正。但在融资项目中，若内部收益率高于折现率，则在现有折现率基础上计算得到的净现值为负，此时应该拒绝该项目。因此融资项目与投资项目，在使用内部收益率做决策时，决策标准相反。

IRR决策规则（融资项目）：若IRR<r，接受项目；若IRR>r，拒绝项目。

【例5-5】投资项目与融资项目。

丙公司考虑一个新投资项目，年初所需要的投资额为200万元，未来2年年末分别可获得110万元和121万元，因此，项目的OCF表示为：（-200，110，121）。

丁公司考虑一个新融资项目，年初预计流入经营现金流量为200万元，未来两年年末分别需要流出110万元和121万元，丁公司项目的现金流可以相应表示为：（200，-110，-121）。

显然，两个项目的内部收益率均为：IRR=10%。

假设丙和丁两个公司在测算项目时使用相同的折现率。

若折现率为8%，丙公司的项目NPV=5.59万元>0，丁公司的项目NPV=-5.59万元<0，因此丙公司应该接受该投资项目，丁公司应

该拒绝该融资项目。

若折现率为12%，丙公司的项目NPV=−5.33万元<0，丁公司的项目NPV=5.33万元>0，显然，丙公司会拒绝该投资项目，而丁公司会接受该融资项目。

这个例子表明，折现率r上升时，会降低未来现金流的现值的绝对值，在使用IRR时，投资决策与融资决策的决策规则相反。

2. 内部收益率可能有多个

内部收益率也可能存在多个正值，这时候也很难通过IRR来进行决策。

【例5-6】丙公司考虑新投资一个为期2年的矿产开发项目。年初需要投入200万元，第1年的经营现金流量为500万元，但由于开发的善后工作支出较大，第2年年末的经营现金流量为−312万元。项目的现金流量可以表示为：（−200，500，−312）。

这类现金流呈现不规则状态，与常见投资项目不同。在投资项目中，一般前几年经营现金流量为负，后面持续为正，融资项目则相反，经营现金流量符号只改变1次。在本项目中，经营现金流量的符号改变了2次。改变多次，会导致项目出现多个有意义的正内部收益率。在本案例中，出现了2个正的IRR：

$$IRR_1=20\%，IRR_2=30\%$$

这两个IRR谁更合理，IRR决策规则并不能加以说明。这时候就体现了NPV的优越性，给定折现率的基础上，NPV的值具有唯一性。在本例中，只要折现率介于20%和30%之间，NPV就为正，在NPV的决策标准下，公司就应该接受该项目。折现率低于20%或者高于30%，NPV为负。例如，折现率为15%时，NPV=-11342元；折现率为25%时，NPV=3200元；折现率为35%时，NPV=-8320元。

实践中，有时会使用一种修正IRR的做法。如果初始OCF为负，先使用某个折现率将未来OCF出现正负变化的相邻2期现金流调整为正值，这样能够保证调整后的OCF只存在1个IRR，再用这个IRR与折现率进行比较。

例如，在本例中，可以使用折现率25%，将第2年年末的OCF折现到第1年年末，则第1年年末OCF调整为：

$$500+\frac{-312}{1+25\%}=250.4\text{ 万元}$$

调整后，项目OCF为（-200，250.4），通过计算可知此时IRR=25.2%，大于使用的折现率25%，应该接受该项目。

但是，这种修正方法丧失了IRR本来的含义，即IRR只取决于项目的OCF，和r无关。

如果项目所有经营现金流量的正负号只改变1次，这时就只会存在1个正的IRR。以T期项目、初始投资C_0、后续各期OCF均正为例，可以看出，随着折现率r上升，各期期末的OCF折现值之和，即项目的现值PV呈现单调下降的趋势，从而保证存在唯一正的IRR。

3. 内部收益率可能不存在

既然IRR可以转化为方程求解问题，那么方程既可以有多个根，也可以不存在根，所以IRR也可能不存在。

【例5-7】丙公司考虑新投资一个为期2年的开发项目。初期项目投资500万元，第1年年末，经营现金流量为1800万元，第2年项目退出时，成本较高，经营现金流量为-1700万元，则项目的OCF为：（-500，1800，-1700）。不妨将IRR用未知数x表示，则求解项目IRR对应的方程为：

$$-500+\frac{1800}{1+x}-\frac{1700}{(1+x)^2}=0$$

整理可得：$5x^2-8x+4=0$，显然，该方程不存在实数解。

事实上，不管采用何种折现率，该项目的NPV都为负。

4. 内部收益率决策与净现值决策冲突

内部收益率是一个相对比例，是一个相对值，而净现值是绝对值，因此两个决策指标容易形成冲突，后续章节会对此进行专门分析。

第三节　盈利倍数与回收期

一、盈利倍数

NPV回答了“项目能挣多少”，IRR回答了“项目投资的年化收益率”，对于“项目能获得几倍的回报”和“大约多久能将投资额收回”这两个问题，则可以通过本节的盈利倍数（profitability index，PI）与回收期（payback period，PP）进行回答。

盈利倍数的定义为未来的经营现金流量的贴现值之和与初始

投资额度之比。同样考虑存续期为T的项目，初期投入为 C_0，项目的现金流结构可以表示为（$-C_0,OCF_1,OCF_2,\cdots,OCF_T$），折现率为r，则盈利倍数计算如下：

$$PI=\frac{\sum_{i=1}^{T}\frac{C_i}{(1+r)^i}}{C_0}=\frac{PV}{C_0}$$

如果说NPV是未来贴现值之和（即项目的现值PV）与初始投资 C_0 之差，那么PI就是PV与 C_0 之比。NPV的值具有唯一性，则PI也具有唯一性，这就规避了内部收益率IRR存在多个、不存在等问题。但由于PI也是个相对值指标，因此和IRR一样，容易与绝对值指标NPV形成冲突。

计算PI的要素与NPV相同，均为折现率r、经营现金流量OCF结构和项目周期T。

从PI的定义式，可以看出PI>1与NPV>0等价，PI的决策规则总结如下：

PI决策规则：若PI>1，接受该项目；若PI<1，拒绝该项目。

【例5-8】继续考虑第四章第二节的案例，项目经营现金流量的结构如下：（-3080000，642500，820700，955760，1115154，1303196，2333085）。在r=15%时，可以计算出项目的现值为：PV=4868245元，则项目的盈利倍数为：

$$4868245\div3020000=1.58$$

【例5-9】丙公司考虑是否新增加一条生产线。期初对生产设备的投资为800万元。项目投产后，预计第1年至第4年，每年年末可实现折旧、摊销及息税前利润300万元（折旧与摊销采用直线法，无残值，每年折旧摊销额为200万元）。假设公司税率t=25%，无净营运资本，所有的现金流均发生在年末，不考虑债权融资。项目采用的折现率r=20%。假设生产设备无残值，采用直线折旧法。求该生产项目的盈利倍数（PI）。

①计算项目的经营现金流量OCF结构。

使用自上而下法计算，未来4年的OCF为：

$$OCF = EBITDA - t \times EBIT = 300 - 100 \times 25\% = 275 \text{ 万元}$$

②计算项目的现值PV。

$$PV = \sum_{i=1}^{4} \frac{OCF_i}{(1+r)^i} = \frac{275}{1+20\%} + \frac{275}{(1+20\%)^2} + \frac{275}{(1+20\%)^3} \frac{275}{(1+20\%)^4} = 712\text{万元}$$

③计算项目的盈利倍数PI。

$$PI = \frac{PV}{C_0} = \frac{712}{800} = 0.89 < 1$$

该项目的PI<1，丙企业应拒绝该项目。

二、回收期

回收期测算的是项目的初始投资需要多长时间能全部收回。继续考虑持续T期、初期投入为C_0、现金流结构为（$-C_0, OCF_1, OCF_2, \cdots, OCF_T$）的项目。

首先，定义第h年的累计经营现金流量（AOCF）：

$$AOCF(h) = \sum_{i=1}^{h} OCF_i - C_0$$

其次，寻找累计经营现金流量首次为正的年份h，即h满足：$AOCF(h-1)<0$，$AOCF(h)>0$，若$AOCF(h)=0$，回收期即为h。

最后，在找出h的基础上，回收期的定义为：

$$PP=(h-1)+\frac{|AOCH(h-1)|}{OCF_h}$$

显然，计算回收期的要素为：项目周期和OCF结构。

不妨假设项目决策者对投资的潜在回收期要求为a年，则决策规则如下：

PP决策规则：若PP<a，接受该项目；若PP>a，拒绝该项目。

【例5-10】继续考虑第四章第二节的案例，项目经营现金流量的结构如下：（-3080000，642500，820700，955760，1115154，1303196，2333085）。首先确定h：

$$AOCF(3)=-661040<0,\quad AOCF(4)=454114>0$$

则h=4，项目的回收期为：

$$PP=(4-1)+\frac{661040}{1115154}=3.59\text{年}$$

若项目投资的潜在回收期要求为3年，则拒绝该项目；若潜在回收期要求为4年，则接受该项目。

从前面的计算可以看出，回收期法存在以下三点不足。

1. 不考虑回收期之后的现金流

设想一个项目在回收期之后的经营现金流量很高，若仅因为不满足潜在回收期的标准而放弃该项目，实在是一个很可惜的决策。基于回收期做决策，会促使公司选择回收期短的项目，容易忽略具有战略性的长期项目。在运输业、制造业及基础设施行业等，因为项目周期较长，一般不使用回收期作为决策的主要指标。但是对经济环境变化极为敏感的项目，如IT产业，会经常使用回收期作为项目的主要决策变量。

【例5-11】丙公司需要在以下两个项目方案中选择一个实施，对应的现金流结构如下：

	第0年	第1年	第2年	第3年	第4年	第5年
项目1 OCF	−300	100	150	100	100	100
项目2 OCF	−300	50	100	100	400	1000

两个项目的初始投入都是300万元，项目1的回收期为2.5年，项目2的回收期为3.125年。基于回收期做决策，会选择项目1，因为项目的回收期相对更短。项目2的前3年OCF相对较低，但第4年进入了高速发展。回收期法因为不考虑回收期之后的现金流，放弃长远收益更高的项目2，显然可惜。

2. 潜在回收期要求设定主观

项目投资的潜在回收期要求的设定具有高度的主观性。若项目决策团队由多人组成，不同决策者的潜在回收期要求可能不相同，这时候就容易使得项目决策更加复杂。

3. 未考虑经营现金流量的时间价值

上述回收期的计算过程未考虑OCF的时间价值，这显然不太合理。这时候可以考虑采用折现回收期（discounted payback period，DPP），只需将累计经营现金流量调整为累计净经营现金流量（ANOCF）即可，其中第h年的累计净经营现金流量的定义为：

$$ANOCF(h)=\sum_{i=1}^{h}\frac{OCF_i}{(1+r)^i}-C_0$$

其余的计算方法相同，只是在OCF上面叠加了复利现值系数。

【例5-12】继续考虑第四章第二节的案例，项目经营现金流量的结构如下：（-3080000，642500，820700，955760，1115154，1303196，2333085）。考虑OCF的时间价值，折现率r=15%，使用复利现值系数进行调整，调整后的OCF结构为：（-3080000，584091，678264，718077，761665，809182，1316966）。

首先确定h：

$$ANOCF(4)=-337903<0\text{，}\quad ANOCF(5)=471279>0$$

则h=5，项目的回收期为：

$$DPP=(5-1)+\frac{337903}{809182}=4.42\text{ 年}$$

显然，DPP要比PP长。

第四节　投资决策指标的应用

一、案例：生产设备

本节首先以生产设备案例为例，来分析净现值NPV、内部收益率IRR、盈利倍数PI、回收期PP与折现回收期DPP等决策指标在实践中的应用。

【例5-13】丙公司计划投资某医疗器械生产项目，为期5年，项目由丙公司完全采用股权出资，即不涉及债权融资。生产设备的初始投资为1000万元，设备到达后，还需投入300万元用于设备的组装与调试。为简化分析，所有现金流都发生在年末。第2年年初开始投入生产，预计第2年至第5年，每年年末可实现折旧、摊销及息税前利润800万元。项目采用的折现率r=20%。假设设备采用直线折旧法。

1. 假设无税收，无净营运资本，设备无残值，请计算该项目的净现值、内部收益率、盈利倍数、回收期与折现回收期。

①计算项目的经营现金流量。

回顾OCF的自上而下法的计算公式：OCF=EBITDA−Tax−ΔNWC−Capex。如果不存在税收，无净营运资本增加，这时候折旧不会产生税盾效应，因而对测算过程无实质影响。基于自上而下法，可以测得项目的经营现金流量结构为：（−1000，−300，800，800，800，800）。

②计算项目净现值NPV。

$$NPV=\sum_{i=1}^{5}\frac{OCF_i}{(1+r)^i}-C_0=\sum_{i=2}^{5}\frac{800}{(1+20\%)^i}-\frac{300}{(1+20\%)}-1000=476\text{万元}$$

③计算项目内部收益率IRR。

IRR是使NPV=0的折现率，即由下述方程决定：

$$\sum_{i=2}^{5}\frac{800}{(1+IRR)^i}-\frac{300}{(1+IRR)}-1000=0$$

经计算：IRR=33.53%。

④计算盈利倍数PI。

计算项目的PV：

$$PV=\sum_{i=1}^{5}\frac{OCF_i}{(1+r)^i}=\sum_{i=2}^{5}\frac{800}{(1+20\%)^i}-\frac{300}{(1+20\%)}=1476\text{ 万元}$$

项目的PI为：

$$PI=\frac{PV}{C_0}=\frac{1476}{1000}=1.476$$

⑤计算回收期PP与折现回收期DPP。

计算回收期PP需要确定使得AOCF首次为正的h：

$$AOCF(2)=-500<0\text{，}\quad AOCF(3)=300>0$$

因此，h=3。进而项目的回收期PP为：

$$PP=(h-1)+\frac{|AOCH(h-1)|}{OCF_h}=2+\frac{500}{800}=2.625\text{ 年}$$

考虑时间价值的折现回收期，首先需要通过现值系数PVIF来调整OCF结构。基于r=20%，调整后的OCF为（-1000，-250，556，463，386，322）。同样首先确定h：

$$ANOCF(3)=-231<0\text{，}\quad ANOCF(4)=155>0$$

进而，项目的折现回收期DPP为：

$$DPP=(h-1)+\frac{|AOCH(h-1)|}{OCF_h}=3+\frac{231}{386}=3.6\text{ 年}$$

此时，可以基于NPV、IRR、PI、PP和DPP进行相应的投资决策。

2. 如果从第2年投入生产开始，项目每年需要一笔研发费用，假设第2年至第5年这笔费用相同。已知丙公司基于NPV进行决策后决定实施此项目，那么其每年的研发费用至多为多少？

回顾NPV的决策规则，只有在NPV≥0时，才会实施此项目。不妨设研发费用为x，则新的现金流结构为：（-1000，-300，800-x，800-x，800-x，800-x）。此时要求：

$$NPV=\sum_{i=1}^{5}\frac{OCF_i}{(1+r)^i}-C_0=\sum_{i=2}^{5}\frac{800-x}{(1+20\%)^i}-\frac{300}{1+20\%}-1000\geqslant 0$$

解得：x≤221万元。即研发费用至多为221万元。

3. 现在考虑企业所得税，假设税率t=25%，重新计算项目的NPV和IRR。

这时候需要考虑折旧的税盾效应。第1年末，项目的EBITDA为负，因此不需要纳税。第2年至第5年，每年的税收为：

$$Tax=t\times(EBITDA-D-A)=25\%\times(800-200)=150\text{ 万元}$$

考虑税后的OCF结构为：（-1000，-300，650，650，650，650）。

基于r=20%，重新计算：NPV=152万元，IRR=24.6%。

如果考虑设备存在残值，那么其每年的折旧就会产生变化，需要对每年税盾的折旧部分进行调整，此外第5年末的OCF还需加上设备残值，具体过程在此不再赘述。

二、案例：投标竞价

投标竞价也是工程项目经常面临的一个实践问题。在标书的制作中，对投标标的的价值评估显得至关重要。

【例5-14】丙公司计划投标某医疗器械订单合同，投标方式为每件医疗器械的价格。根据合同，丙公司未来3年内将每年以投标价格出售此种医疗器械2万件。若中标，丙公司也将每年以300元的价格向某公益组织出售1万件此种医疗器械。3年以后，由于技术更新换代，此种医疗器械将不再进行销售。

公司将在第1年年初花费900万元购入相应的生产设备。生产设备按直线法进行折旧，3年后残值为零。除此之外，每年的固定成本为100万元，平均可变成本为100元每件。预计销售费用、管理费用分别占当年营业收入的3%和5%，年初投入的经营营运资本预计占全年营业收入的2%并在项目结束时完全收回。

为简化分析，假设经营营运资本投入在年初（即上年年末），其余所有现金流发生在年末。另外，已知企业所得税25%，且忽略其他税种，相应的折现率r=15%。若丙公司的决策者认为只有在项目净现值在100万元以上时才会接受此项目，那么该合同设定的竞标价格应设定为多少？

现在不妨假设竞标价格为x，从项目的经营现金流量入手，对项目进行分析，首先从测算税后经营净利润NOPAT开始。

（1）测算税后经营净利润（NOPAT）

根据假设，可对项目的税后经营净利润NOPAT测算如下：

单位：万元

	第1年	第2年	第3年
营业收入	2x+300	2x+300	2x+300
营业成本	400	400	400
销售费用	0.06x+9	0.06x+9	0.06x+9
管理费用	0.1x+15	0.1x+15	0.1x+15

续表

	第1年	第2年	第3年
EBITDA	1.84x-124	1.84x-124	1.84x-124
折旧	300	300	300
EBIT	1.84x-424	1.84x-424	1.84x-424
税收	0.46x-106	0.46x-106	0.46x-106
NOPAT	1.38x-318	1.38x-318	1.38x-318

注：EBITDA=营业收入-营业成本-销售费用-管理费用-研发费用；NOPAT=EBITDA×（1-t）。

（2）测算经营现金流量（OCF）

在税后经营净利润（NOPAT）基础上，可得项目的OCF如下：

单位：万元

	第0年	第1年	第2年	第3年
NOPAT	0	1.38x-318	1.38x-318	1.38x-318
D	0	300	300	300
NWC	0.04x+6	0.04x+6	0.04x+6	0
ANWC	0.04x+6	0	0	-0.04x-6
Capex	900	0	0	0
OCF	-0.04x-906	1.38x-18	1.38x-18	1.42x-12

注：OCF=NOPAT+D-ANWC-Capex。

经营现金流量OCF结构为：（-0.04x-906，1.38x-18，1.38x-18，1.42x-12）。

（3）计算项目净现值（NPV）并求解投标价格

由于项目的折现率r=15%，则：

$$NPV=\frac{1.38x-18}{1+15\%}+\frac{1.38x-18}{(1+15\%)^2}+\frac{1.42x-12}{(1+15\%)^3}-0.04x-906\geqslant 100$$

求解可得：x≥332.5，即丙公司的竞标价格应不少于332.5元/件。

三、案例：技术研发

技术研发项目是工程项目中常见的一种类型，其特点是产品从研发到投产的周期较长，项目不确定性较高，而且项目基本都是以持续的研发投入为主。

【例5-15】丙公司是研发销售类公司，即以产品技术研发和销售为主，产品的生产全部外包。现在丙公司计划研发一种新型药物，研发周期为3年，项目完全采用股权出资，即不涉及债权融资。该研发项目每年的研发费用预计为200万元，并在第3年能够形成一套成熟的药物生产技术。

研发完成后，丙公司预计在第4年能销售新型药物50万盒，并在接下来的4年内销量逐年减少20%，而后完全被新药物取代，不再生产。第4年，药物平均价格为每盒15元，而后价格每年上涨5%。与此同时，药物的平均可变成本为每盒2元，而后每年上涨3%；固定成本为每年10万元。此外，销售费用预计占当年营业收入的5%，管理费用预计占营业收入的3%，年初投入的经营营运资本预计占全年营业收入的2%并在项目结束时完全收回。

假设经营营运资本投入在年初（即上年年末），其余所有现金流发生在年末，且不计相应的折旧与摊销费用。另外，假设企业所得税25%，忽略增值税等各类附加税及其他，丙公司使用的折现率r=15%。

（1）测算营业收入与营业成本

项目前3年均为研发投入期，营业收入从第4年开始，测算如下：

	第4年	第5年	第6年	第7年	第8年
产品销量	500000	400000	320000	256000	204800
销售价格	15.0	15.8	16.5	17.4	18.2
营业收入（元）	7500000	6300000	5292000	4445280	3734035
可变成本价格	2.0	2.1	2.1	2.2	2.3
固定成本	100000	100000	100000	100000	100000
营业成本（元）	1100000	924000	778976	659476	561008

注：营业收入=单位销售价格×产品销量，营业成本=单位可变成本×产品销量+固定生产成本。

（2）测算税后经营净利润（NOPAT）

由项目假设，第1年至第3年为项目研发期，因此前3年的税后经营净利润NOPAT相同。研发项目不产生折旧D和摊销A，第4年至第8年依据假设逐年测算，如下所示：

	第1~3年	第4年	第5年	第6年	第7年	第8年
营业收入	0	7500000	6300000	5292000	4445280	3734035
营业成本	0	1100000	924000	778976	659476	561008
销售费用	0	375000	315000	264600	222264	186702
管理费用	0	225000	189000	158760	133358	112021
研发费用	2000000	0	0	0	0	0
EBITDA	−2000000	5800000	4872000	4089664	3430181	2874304
税收	0	1450000	1218000	1022416	857545	718576
NOPAT	−2000000	4350000	3654000	3067248	2572636	2155728

注：EBITDA=营业收入−营业成本−销售费用−管理费用−研发费用；NOPAT=EBITDA×（1−t）。

（3）测算经营现金流量（OCF）

在税后经营净利润（NOPAT）基础上，丙公司因不涉及折旧D和摊销A，也没有相应的资本投入（Capex），此时经过经营营运资本增加（ANWC）的调整就可以获得OCF。需要注意的是，尽管前3年的NOPAT相同，但第3年会有ANWC的调整。项目的OCF如下：

	第1~2年	第3年	第4年	第5年	第6年	第7年	第8年
NOPAT	-2000000	-2000000	4350000	3654000	3067248	2572636	2155728
NWC	0	150000	126000	105840	88906	74681	0
ANWC	0	150000	-24000	-20160	-16934	-14225	-74681
OCF	-2000000	-2150000	4374000	3674160	3084182	2586861	2230409

注：OCF=NOPAT-ANWC。

由上表可知，项目的经营现金流量OCF结构为：（0，-2000000，-2000000，-2150000，4374000，3674160，3084182，2586861，2230409）。这里为符合习惯，不妨补上第0年（即第1年年初）的现金流。此时，项目的OCF结构测算已经完成，下面就可以基于OCF结构计算相应的投资决策指标，如项目的净现值NPV、内部收益率IRR、盈利倍数PI等，这里以前两个指标为例。

（4）计算项目净现值（NPV）与内部收益率（IRR）

若项目使用的折现率r=15%，项目的净现值：NPV=4291375元。

项目的内部收益率：IRR=31.51%。

此时，丙公司可以基于NPV和IRR进行项目决策。

第五节　互斥项目

一、互斥项目的定义

前面几节内容详细介绍了NPV、IRR、PI等项目投资决策指标，其中NPV是绝对值的度量，后面几个指标是相对值的度量，绝对值指标与相对值指标容易在项目决策中形成冲突，这在互斥项目（mutually exclusive projects）中表现得更加突出。

互斥项目是指备选方案中的项目相互排斥，但又相互关联，项目与项目之间的替代性较高，一旦某一项目被实施，其他项目会被自动排除。比如，丙公司决定开发升级既有的畅销产品，项目小组经过讨论，形成了几个可供选择的项目方案，这时候决策者需要选择其中之一，某一项目方案被选择，也就意味着其他方案被自动排除。

在互斥项目中，不同的项目方案，周期既可能相同，也可能不同，下面分别对两种情况加以分析。

二、项目周期相同：增量经营现金流量法

首先来看两个周期相同的互斥项目，在此基础上介绍什么是增量经营现金流量（incremental operating cash flow，IOCF）。

【例5-16】丙公司打算对畅销的硬件设备产品进行升级，项目为期2年，经过项目小组研究，最终形成2个可供选择的项目方案。项目1的初始投入为300万元，预计未来2年的经营现金流量分别为250万元和150万元。项目2的初始投入为180万元，预计未来2年的经营现金流量分别为150万元和100万元。项目均使用相同的折现率r=10%，丙公司要在2个项目之间选择1个，意味着没被选中的项目将会被自动放弃，因此项目1和项目2被称之为互斥项目。

项目小组使用NPV和IRR作为项目决策的主要指标，项目1的

NPV和IRR分别为31万元和24%，项目2的NPV和IRR分别为26万元和27%。计算结果如下所示：

	第0年	第1年	第2年	IRR	NPV(@10%)
项目1 OCF	−300	250	150	24%	31
项目2 OCF	−180	150	100	27%	26

此时，一些成员支持选择项目1，因为项目1的NPV更高；但另一些成员支持选择项目2，因为项目2的IRR更高。绝对指标NPV和相对指标IRR之间形成了冲突，这时候丙公司该怎么进行决策？

两个项目的初始投资额度相差120万元。不妨考虑这样一种情况：假设丙公司一开始选择低投入的项目2，现在愿不愿意追加120万元以实施项目1？如果追加了120万元，未来的OCF也会相应增加，第1年年末OCF会增加100万元，第2年年末OCF会增加50万元，所有新增加的经营现金流量（−120，100，50）称为增量经营现金流量（IOCF）。

同样可以对IOCF=（−120，100，50）进行NPV与IRR的相关计算。在折现率r=10%时，经计算：NPV=5万元>0，IRR=18%>10%，这时候，无论是基于NPV还是基于IRR，都应该新增投资120万元，以实施项目1。具体计算结果如下所示：

	第0年	第1年	第2年	IRR	NPV(@10%)
项目1 OCF	−300	250	150	24%	31
项目2 OCF	−180	150	100	27%	26
IOCF	−120	100	50	18%	5

丙公司经过IOCF的分析，最终选择了项目方案1。

使用增量经营现金流量法时，需要注意以下几点。

第一，两个项目的现金流进行相减时，一般使用投资额度大的项目减去投资额度小的项目，如上例中的项目1减去项目2，这样能保证IOCF的期初为负，即期初为投资，是一笔现金流流出，便于理解。否则，如果期初的IOCF为正，就需要用“是否愿意降低投资”来加以解释了。如果互斥项目的初始投资额度相同，只是后续的经营现金流量结构不同，这时一般会确保第1期的IOCF为负来确定互斥项目相减的顺序。

第二，基于增量经营现金流量的投资决策实际上支持了NPV更高的项目。从计算过程可以发现，在相同的折现率基础上，互斥项目的OCF相减形成的IOCF，其NPV必然等于互斥项目的NPV相减。因此，增量经营现金流量法必然支持NPV更高的项目。

第三，增量经营现金流量中的内部收益率IRR只能与使用的折现率r进行比较，因为IOCF不是实际发生的经营现金流量，它只是用来支持NPV较高项目的一种方法。

除了容易与IRR在互斥项目中形成冲突外，同理，NPV也会与其他相对值的决策指标形成冲突，这里以PI为例。

【例5-17】续上例，现在项目小组使用NPV和PI作为项目决策主要指标，项目1的NPV和PI分别为31万元和1.17，项目2的NPV和PI分别为26万元和1.22。计算结果如下所示：

	第0年	第1年	第2年	PI(@10%)	NPV(@10%)
项目1 OCF	−300	250	150	1.17	31
项目2 OCF	−180	150	100	1.22	26

此时，一些成员支持选择项目1，因为项目1的NPV更高；但另一些成员支持选择项目2，因为项目2的PI更高。

同样使用增量现金流进行测算，用项目1的OCF减去项目2的OCF（初始投资额的“大减小”），计算IOCF的NPV与PI：NPV=5

万元>0，PI=1.1>1。

	第0年	第1年	第2年	PI(@10%)	NPV(@10%)
项目1 OCF	-300	250	150	1.17	31
项目2 OCF	-180	150	100	1.22	26
IOCF	-120	100	50	1.10	5

此时，在项目2的初始投入基础上，增加120万元以实施项目1更有利，IOCF方法支持项目1。

但是，如果项目使用折现率r=20%，无论是NPV、IRR还是PI，都呈现一致：

	第0年	第1年	第2年	IRR	PI(@20%)	NPV(@20%)
项目1 OCF	-300	250	150	24%	1.04	13
项目2 OCF	-180	150	100	27%	1.08	14

无论采用NPV、IRR还是PI，都支持项目2。

IOCF有助于解决NPV、PI及IRR在决策时的冲突，从计算过程同样可以看到：

第一，相对值指标去除了项目规模的影响，而NPV指标考虑绝对值。例如，将项目1的OCF同时扩大10倍，这时候PI与IRR都不发生变化，但NPV会扩大10倍。

第二，PI与IRR有一点不同，PI计算依赖于项目使用的折现率，而IRR只取决于项目的OCF结构。

第三，IOCF往往能够支持基于NPV的决策，这也是NPV被称为“第一法则”或“大拇指法则”的原因。

第四，指标之间的冲突可能会随折现率的变化而缓和。

三、项目周期不同：约当年金法

如果互斥项目周期不同，使用NPV、IRR、PI等指标进行决策时就欠缺说服力，尤其当指标间出现冲突时，IOCF也很难构建。为解决互斥项目期限不同的问题，有时可以使用约当年金（equivalent annual annuity，EAA）进行决策。下面以两个互斥项目为例进行说明。

【例5-18】丙公司打算对既有的生产设备进行升级。经团队研究，有两个可供选择的项目方案。项目1中，设备可使用2年，购买生产设备需要花费100万元，未来2年每年需要花费40万元的设备检修费，以确保生产线顺利运行；项目2中，购买生产设备费用相对更高，但可使用3年，购买生产设备需要花费160万元，未来3年每年需要花费10万元的设备检修费，以确保生产线顺利运行。假设设备无残值，2个项目下的产品质量、产量等其他情形完全一样。丙公司采用的折现率为15%。

由于其他情形都一样，此时可以仅考虑生产设备的成本。项目1的OCF为（-100，-40，-40），基于折现率r=15%，项目1的NPV=-165万元。项目2的OCF为（-160，-10，-10，-10），基于折现率r=15%，项目1的NPV=-183万元。计算结果如下表所示：

	第0年	第1年	第2年	第3年	NPV(@15%)
项目1	-100	-40	-40		-165
项目2	-160	-10	-10	-10	-183

显然，项目1的NPV更高，或者说总成本的现值更低，此时就应该选择项目1吗？从年平均的角度看，未必。

由于周期不同，OCF也不规则，一个可供选择的方法是将NPV

平滑成年金，这被称为约当年金法。

首先看项目1。查附表知年金现值系数PVIFA（15%，2）=1.6257，则：

$$-165 = C_1 \times PVIFA(15\%,2)，\ C_1 = -101 \text{万元}$$

其次看项目2。查附表知年金现值系数PVIFA（15%，3）=2.2832，则：

$$-183 = C_2 \times PVIFA(15\%,3)，\ C_2 = -80 \text{万元}$$

结果如下表所示：

	第0年	第1年	第2年	第3年	NPV(@15%)
项目1		-101	-101		-165
项目2		-80	-80	-80	-183

显然，项目1相当于每年的成本为101万元，项目2相当于每年的成本为80万元，从年平均的角度，或者说从EAA的角度看，项目2更合算。

可以这么理解，假设存在融资租赁公司为丙公司提供生产设备，项目1相当于每年支付租金101万元，项目2相当于每年支付租金80万元，显然选择项目2更理性。

互斥项目中EAA的计算，核心是以下两步：

第一步：计算各个项目的净现值；

第二步：将净现值年金化，转化为规则的年金后，在项目之间进行比较。

在同周期的互斥项目中，可选择的方法较多，因为周期相同，项目间存在共同的时间尺度。但周期不同时，使用约当年金法的合理性何在？

约当年金法本质是假设项目可以在到期后不断重置，这样时间周期可以永续下去，从而“人为”创造了近似共同的时间尺度。例如，在上例中，假设丙公司实施项目1，OCF结构会以（-100，-40，-40）无限循环下去；若实施项目2，OCF结构同样会以（-160，-10，-10，-10）无限循环下去，这时候年金是比较这两个现金流的最好选择。

因此，约当年金法大多使用于与成本相关的决策中，而很少使用于创造利润的决策中，原因在于不同周期的OCF无限循环下去的假设合理性较弱，难以满足。有时为了克服年金为负的问题，也将约当年金称为约当年均成本（equivalent annual cost，EAC）。如果生产设备或生产线难以满足无限循环的假设，就无法使用约当年金法，此时仅能参考NPV、IRR、PI等指标进行相关决策。

本章习题

1. 在投资决策中，内部收益率法和回收期法分别存在哪些问题？

2. 如何利用增量经营现金流量法在两个互斥项目中进行选择？

3. 现存在互斥项目A与B，已知折现率为25%，预计现金流量为：

项目	第0期现金流量	第1期现金流量	NPV(@25%)
A	-10	25	
B	-30	60	

（1）计算A、B两个项目的NPV、IRR与盈利倍数，请填到表格空白处。

（2）决策者应该选择哪一个项目？

4. 已知两个互斥项目A和B的现金流情况如下所示：

年	A（万元）	B（万元）
0	-68	-30
1	44	15
2	36	24
3	30	16

（1）分别计算A和B的回收期。若根据回收期选择投资项目，应当选择A和B中哪一个项目？

（2）假设折现率为8%，分别计算A和B的NPV，与（1）的结果对比，可以得到什么结论？

5. 现存在甲、乙两种办公设备，设备成本的现金流出量为：

设备	第0期现金流出量	第1期现金流出量	第2期现金流出量	第3期现金流出量
甲	490	150	150	
乙	700	100	100	100

甲设备的价格为490元，可使用2年，在使用寿命内每年需支付150的费用进行保养，乙设备的价格为700元，可使用3年，在使用寿命内每年需支付100元的费用进行保养。给定年金现值系数为：PVIFA(0.25，2)≈1.4，PVIFA(0.25，3)≈2。应该如何对这两种设备进行选择？

第六章 投资决策的其他方法

第一节　盈亏平衡分析

一、盈亏平衡点

从前面的分析可知，在计算NPV、IRR、PI等决策指标时，首先需要测算项目的经营现金流量，即OCF结构。显然，OCF的影响因素极多，在预测OCF的过程中，一般假设这些影响因素外生给定，例如产品的价格、销量等。但是，当影响OCF的某个外生变量或因素变化越过某一临界值时，会导致项目决策指标也越过临界点，例如销量上升超过某个临界值时NPV会由负转正，进而影响到项目的关键决策，如项目的取舍决策。影响项目关键决策的外生变量的临界值，称为项目的盈亏平衡点（break-even point，BEP）。确定外生变量临界值的过程，称为盈亏平衡分析（break-even analysis）。

从一般的角度看，任何影响投资决策的外生变量，都可以进行盈亏平衡分析。在前面的分析中，暂时将项目使用的折现率r视为外生给定的，而IRR是由OCF结构内生决定的，因此当选择$r=IRR$时，基于NPV的项目决策就达到了临界点。因为在典型的投资项目中，若$r>IRR$，项目将亏损，项目决策者就会拒绝项目；若$r<IRR$，项目可实现盈利，项目决策者就会接受项目，因此$r=IRR$是项目基于NPV决策的盈亏平衡点。当然，由于折现率r的特殊性，一般不对其进行盈亏平衡分析。

在实践中，常用的两个决策指标是净利润（NI）和净现值（NPV），下面以产品销量为例，分析两个常用的盈亏平衡点：净利润下的销量盈亏平衡点和净现值下的销量盈亏平衡点。

二、净利润下的销量盈亏平衡点

假设某项目决定生产某一产品，项目运营期初所需的投资为C_0，项目存续T年，不考虑债权融资。产品的销售单价为p，销量为Q，则项目的营业收入为$p\times Q$。营业成本由两部分组成：固定成本，用f表示；平均可变成本，用c表示，则营业成本可以表示为：$f+c\times Q$。项目的EBITDA为：

$$EBITDA=p\times Q-f-c\times Q$$

假设项目生产线的投资C_0采用直线折旧，每年计提的折旧为D（$D=C_0/T$），企业所得税税率为t。

现在考虑销量Q的变化如何影响净利润NI。使净利润为0的销量，称为净利润下的盈亏平衡点。NI的表达式为：

$$NI = (EBITDA - D - A - I) \times (1 - t) = 0$$

又I=0，忽略摊销A，整理可得：

$$p \times Q - f - c \times Q - D = 0$$

从而可得：

$$Q_{NI} = \frac{f + D}{p - c}$$

净利润下的盈亏平衡点为固定成本与折旧之和除以销售价格与平均可变成本之差。若 $Q > Q_{NI}$ ，则NI>0；若 $Q < Q_{NI}$ ，则NI<0。（p–c）有时也被称为单位边际贡献。

【例6-1】丙公司花100000元购置了一批预期使用寿命为4年的口罩机，同时租用了一间无尘厂房用于生产，每年租金为20000元。丙公司准备搭建口罩生产线生产一次性医用口罩，每个口罩售价3元，材料费、人工费等平均可变成本1.5元，请问净利润下的销量盈亏平衡点是多少？

无论生产与否，丙公司每年都需支付厂房租金20000元，这部分便是丙公司每年的固定成本，即：

$$f = 20000\text{元}$$

购置口罩机花费了100000元，使用寿命为4年，每年口罩机的折旧为：

$$D=100000 \div 4=25000\text{元}$$

又销售单价为p=3元，平均可变成本为c=1.5元，则净利润下的销量盈亏平衡点为：

$$Q_{NI}=\frac{f+D}{p-c}=\frac{20000+25000}{3-1.5}=30000\text{个}$$

当丙公司每年的口罩销量超过30000个时，净利润为正；不足30000个时，净利润为负；等于30000个时，净利润为零，即此时盈亏平衡。30000是净利润下的销量盈亏平衡点。

三、净现值下的销量盈亏平衡点

净现值下的销量盈亏平衡点，顾名思义，为使净现值NPV=0的销量Q。要计算NPV，就需要测算项目的经营现金流量OCF和折现率r。此时需要考虑折旧的税盾效应。不妨假设价格p、固定成本f等因素都不发生变化，则未来各期的经营现金流量均相等：

$$OCF=EBITDA-t\times(EBITDA-D)$$

令净现值NPV=0：

$$NPV=OCF\times\sum_{i=1}^{T}\frac{1}{(1+r)^{i}}-C_0=OCF\times PVIFA(r,T)-C_0=0$$

将OCF表达式代入，可得：

$$Q_{NPV}=\frac{\frac{C_0}{PVIFA(r,T)}+(1-t)\times f-t\times D}{(1-t)\times(p-c)}=\frac{EAA+(1-t)\times f-t\times D}{(1-t)\times(p-c)}$$

这里，$C_0/PVIFA(r,T)=EAA$，将初始投入C_0转化为约当年金以简化表达式，上式中的分子体现了折旧的税盾效应。显然，当销量$Q>Q_{NPV}$时，NPV>0；当$Q<Q_{NPV}$时，NPV<0。

如果其他条件不发生变化，即销售单价p、固定成本f、平均可变成本c与企业所得税税率t不发生变化，则净现值下的盈亏平衡点

Q_{NPV} 与净利润下的盈亏平衡点 Q_{NI} 相比，具有如下关系：

$$Q_{NPV} > Q_{NI}$$

可以这么来看，净现值标准下的 Q_{NPV} 与净利润标准下的 Q_{NI} 相比，多考虑了货币的时间价值。对于 $EAA = C_0 / PVIFA(r,T)$，如果不考虑货币的时间价值，约当年金EAA就会转化为折旧，这样，净利润和净现值的盈亏平衡点就会相同。更一般地，考虑到货币的时间价值，则 $PVIFA(r,T) < T$，则有：

$$Q_{NPV} = \frac{\dfrac{C_0}{PVIFA(r,T)} + (1-t)\times f - t\times D}{(1-t)\times(p-c)} > \frac{\dfrac{C_0}{T} + (1-t)\times f - t\times D}{(1-t)\times(p-c)} = Q_{NI}$$

这里用到了无残值下直线折旧的定义：$D = C_0 / T$。

在实践中，Q_{NPV} 比 Q_{NI} 更加合理，但由于 Q_{NPV} 需要对折现率等指标进行预测，测算结果可能不如后者精确，因此两种方法各有优缺点。

【例6-2】续前例，丙公司生产一次性医用口罩1年后，决定加盟某知名防护品牌，加盟后口罩的售价可提升至每个4.5元，但需支付加盟费259375元，若折现率为10%，企业所得税税率为25%，PVIFA(10%, 3)=2.5。丙公司生产新口罩的净现值下的销量盈亏平衡点是多少？

此时，时间已经经过了1年，丙公司口罩机的使用寿命还剩下3年，根据年金现值系数公式，可得加盟费的约当年金为：

$$EAA=259375\div 2.5=103750元$$

又知税率t=25%，固定成本f=20000元，折旧D=25000元，销售单价为p=4.5元，平均可变成本为c=1.5元。

则净现值下的销量盈亏平衡点为：

$$
\begin{aligned}
Q_{NPV} &= \frac{EAA+(1-t)\times f-t\times D}{(1-t)\times(p-c)} \\
&= \frac{103750+(1-25\%)\times 20000-25\%\times 25000}{(1-25\%)\times(4.5-1.5)} \\
&= 50000\text{个}
\end{aligned}
$$

当丙公司每年新口罩的销量超过50000个时，新口罩生产项目的净现值为正，不足50000个时，净现值为负。50000是净现值下的销量盈亏平衡点。

四、其他变量的盈亏平衡分析

实践中，盈亏平衡分析可以针对任何影响到决策指标的外生变量。除了销量，产品的销售价格水平与生产的平均可变成本也经常被用于盈亏平衡分析。同样以T期项目为例，项目运营期初所需的投资为 C_0，项目存续T年，不考虑债权融资，直线折旧，无残值。产品的销售单价为p，销量为Q，固定成本为f，平均可变成本为c，企业所得税税率为t。

现在项目决策主要考虑平均可变成本c对净现值NPV的影响。令NPV=0，可得：$OCF\times PVIFA(r,T)-C_0=0$，因此OCF=EAA。

$$
OCF=(1-t)(p\times Q-f-c\times Q-D)+D=EAA
$$

整理可得，净现值下平均可变成本c的盈亏平衡点为：

$$
c_{NPV}=p-\frac{EAA+(1-t)\times f-t\times D}{(1-t)\times Q}
$$

同理，项目决策还可以将聚焦点放在销售单价p上。相应地，净现值下的销售单价盈亏平衡点为：

$$p_{NPV} = c + \frac{EAA + (1-t)\times f - t\times D}{(1-t)\times Q}$$

【例6-3】丙公司决定在现有口罩产品的基础上，加开一条生产酒精消毒液的生产线，由于丙公司此前未生产过消毒液产品，需要购买生产机器，并租用新的厂房。生产机器购置花费为380000元，预期使用寿命为5年。假设新厂房每年租金为30000元，酒精消毒液的售价为每瓶10元，预计生产一瓶酒精消毒液的原料成本和人力成本为5元，即平均可变成本为每瓶5元，预计每年销售酒精消毒液24000瓶。假设丙公司使用的折现率为10%，PVIFA(10%, 5)=3.8，企业所得税税率为25%。

（1）净利润下的销量盈亏平衡点

可知：固定成本f=30000元，折旧D=380000 ÷ 5=76000元，销售价格p=10元，平均可变成本为c=5元。

$$Q_{NI} = \frac{f + D}{p - c} = \frac{30000 + 76000}{10 - 5} = 21200\text{瓶}$$

即丙公司每年至少要卖出21200瓶酒精消毒液，净利润才不为负。

（2）净现值下的销量盈亏平衡点

初始投资380000元转化为约当年金：EAA=380000 ÷ 3.8=100000元。

又所得税税率t=25%，f=30000元，D=76000元，p=10元，c=5元，则净现值下的销量盈亏平衡点为：

$$Q_{NPV}=\frac{100000+(1-25\%)\times30000-25\%\times76000}{(1-25\%)\times(10-5)}=27600\text{瓶}$$

即当丙公司每年至少销售出27600瓶酒精消毒液时，这个生产项目才不会亏损。也就是说，当前预计销量为24000瓶，从净利润NI的角度来看，不亏损；但从净现值NPV的角度来看，亏损。丙公司需要考虑进一步提升酒精消毒液销量的市场营销策略。

由于假设不曾发生变化，这也验证了2个销量盈亏平衡点之间的关系：$Q_{NPV}>Q_{NI}$。

（3）净现值下的平均可变成本盈亏平衡点

现在项目决策关注点从销量Q转变到平均可变成本上。给定销量Q=24000瓶：

$$\begin{aligned}c_{NPV}&=p-\frac{EAA+(1-t)\times f-t\times D}{(1-t)\times Q}\\&=10-\frac{100000+(1-25\%)\times30000-25\%\times76000}{(1-25\%)\times24000}\\&=4.25\text{元}\end{aligned}$$

如果平均可变成本高于4.25元，从净现值角度看，项目就会亏损；只有平均可变成本低于4.25元，项目才能盈利。项目当前测算的平均可变成本为5元，如果其他条件不变，要想实施该项目，必须考虑进一步降低平均可变成本。

（4）净现值下的销售单价盈亏平衡点

现在项目决策关注点，转变到酒精消毒液的销售价格水平上。

$$\begin{aligned}p_{NPV}&=c+\frac{EAA+(1-t)\times f-t\times D}{(1-t)\times Q}\\&=5+\frac{100000+(1-25\%)\times30000-25\%\times76000}{(1-25\%)\times24000}\\&=10.75\text{元}\end{aligned}$$

同样可以看到，只有销售单价高于10.75元时，从净现值角度看，项目才不会亏损。当前测算的销售单价为10元，低于盈亏平衡点10.75元，要想实施该项目，项目决策者需要考虑提高产品销售价格的策略。

从净现值NPV的角度看，销量Q、平均可变成本c和销售单价p的分析结论是一致的。盈亏平衡分析聚焦于某个影响OCF的外生变量，并假设其他外生变量不变。基于NPV，从销量、平均可变成本、产品销售单价等角度都不支持该项目，要想实施该项目，需要从提高销量、降低可变成本或提高销售单价等策略出发，这也是对项目进行盈亏平衡分析的意义所在。

第二节　灵敏度分析

一、项目假设参数的随机性

在前述投资决策分析中，往往将项目参数假设为确定性的数值，从而展开分析。事实上，工程项目中的参数大多是随机变量，其取值往往呈现出一定的变异性，相应地，作为项目参数的函数，净现值NPV、内部收益率IRR、盈利倍数PI等投资决策指标的取值也会发生相应的改变。探讨项目参数变动对于最终决策结果影响的过程便称为灵敏度分析（sensitivity analysis），其往往需要回答两方面问题：①对于某个项目参数，其变化会导致最终投资决策发生怎样的变化？②要使最终投资决策不发生变化，某个项目参数的变化范围是多少？

由于项目参数为随机变量，因此在进行灵敏度分析时，首先需要确定各随机变量之间是否独立。一般而言，工程项目中的经济变量之间都会表现出一定的相关性，例如，当石油企业供给不变时，需求的下降既会减少销售额，也会造成市场价格的下降。然而，为了简化分析，往往假设各变量相互独立，即一种参数的变化不会影响其他参数的取值。

另外，对于随机变量而言，其分布存在两种类型：离散型分布和连续型分布。从理论层面来看，不同类型的分布对于灵敏度分析并无影响，不过为了使问题更加简化，当需要说明多个项目参数的随机性时，通常假设各项目参数为离散型随机变量。

最后，考虑盈亏平衡分析与灵敏度分析两种投资决策方法之间的联系。首先，两种方法都建立在项目假设参数具有随机性的基础上。其次，两种分析的侧重点不同，灵敏度分析侧重于对项目参数变化的整个范围进行描述，而盈亏平衡分析侧重于找到投资决策恰好发生改变时的项目参数临界值。换句话说，灵敏度分析侧重于考虑量变，而盈亏平衡分析侧重于考虑质变。

二、灵敏度分析的步骤

一个完整的灵敏度分析流程大致可以分为三步：①确定项目假设参数分布；②构建项目参数与投资决策指标的函数关系式；③由项目参数分布推导决策结果。在这里，将结合案例进行详细说明。

【例6-4】丙公司近期考虑与某导演合作，投资于一个影视项目。根据约定，丙公司当前应投资1亿元，用于该影视项目的制作。一年后，影视项目能够制作完成并发行上映。在上映之前，丙公司将承担该影片的宣传发行费用（销售费用）。影片制作完成后，丙公司将依据内部人员对于影片质量的判断，在两种销售方案中进行选择。其中，甲方案投入的销售费用为1000万元，乙方案投入的销售费用为3000万元。另外，在该影片正式上映后，根据市场反应不同，丙公司获得的业务收入也不同。假设业务收入存在好中差三种状态，分别为3亿元、2亿元、0.8亿元。另外，假设丙公司使用的折现率为10%，企业所得税税率为25%，除初始投资外，其他现金流都发生在年末，不计折旧、摊销，忽略增值税等各类附加税及其他。

（1）确定项目假设参数分布

此处，销售费用与业务收入皆为随机变量，不妨假设它们相互独立，且销售费用与业务收入的每种状态概率相等，则可得它们的联合概率分布如下：

（Y，Z）	（0.1，3）	（0.1，2）	（0.1，0.8）	（0.3，3）	（0.3，2）	（0.3，0.8）
P	1/6	1/6	1/6	1/6	1/6	1/6

注：Y代表销售费用，Z代表业务收入，单位为亿元；P代表概率。

（2）构建项目参数与投资决策指标的函数关系式

根据项目假设对经营现金流OCF进行测算，易得现金流结构为：（-1，0.75Z-0.75Y）（单位：亿元）。

计算出该项目的净现值NPV，有：

$$NPV = \frac{C_1}{1 + r} - C_0 = \frac{0.75(Z - Y)}{1 + 10\%} - 1$$

（3）由项目参数分布推导决策结果

根据销售费用与业务收入的联合概率分布，可得NPV的分布如下：

（Y，Z）	（0.1，3）	（0.1，2）	（0.1，0.8）	（0.3，3）	（0.3，2）	（0.3，0.8）
NPV	0.977	0.295	−0.523	0.841	0.159	−0.659
P	1/6	1/6	1/6	1/6	1/6	1/6

注：Y代表销售费用，Z代表业务收入，NPV代表净现值，单位为亿元；P代表概率。

由上表可知，净现值NPV为正的概率为2/3，净现值NPV为负的概率为1/3。需要注意的是，在本例中，只有当业务收入为0.8亿元时，应当拒绝该项目，而销售费用的变化并不影响投资决策。

事实上，在工程项目实践中，净现值的推算涉及一系列随机变量，其中有些变量对于投资决策影响较小，有些变量对于投资决策影响较大，显然，决策者应该更加关注那些影响较大的变量，并投入更多的资源用于这些变量的预测。落实在本例中，相比于销售费用，丙公司应该投入更多资源用于业务收入的考察与预测，从而为投资决策提供更精确的数据基础。

【例6-5】丙公司近期决定开发一套商用财务软件，该项目第一年需要投入研发费用800万元。研发成功后，丙公司将对该财务软件进行销售，价格为2000元/套/年。同时，由于该财务软件需要不停地进行升级，因此在开发完成后仍需每年支出10万元的研发费用，且由于不断更新，该产品得以永续存在。假设市场潜在企业客户群体有5万家，该产品的市场渗透率维持为X。另外，假设丙公司使用的折现率为10%，企业所得税税率为25%，所有的现金流发生在年末，不计折旧、摊销，忽略增值税等各类附加税及其他。

（1）确定项目假设参数分布

假设市场渗透率X为连续型随机变量，且其在区间（0.01,0.02）

上服从均匀分布，即 $X \sim U(0.01, 0.02)$。

（2）构建项目参数与投资决策指标的函数关系式

根据项目假设对经营现金流OCF进行测算，易得现金流结构为：（0，-800，7500X-7.5，7500X-7.5，……）（单位：万元）。

计算出该项目的净现值NPV，有：

$$NPV = \sum_{i=1}^{\infty} \frac{C_i}{(1+r)^i} - C_0 = \frac{75000X - 875}{1 + 10\%}$$

（3）由项目参数分布推导决策结果

由市场渗透率的分布可知，NPV同样服从均匀分布：

$$NPV \sim U(-113.64, 568.18)$$

特别地，当X=1.167%时，NPV=0；当X<1.167%时，NPV<0，应当拒绝该项目；当X>1.167%时，NPV>0，应当接受该项目。

在本例中，将市场渗透率假设为一个连续型随机变量，从而得到了净现值NPV的概率分布，为投资决策提供了参考。事实上，在现实工程项目中，了解各种项目参数的准确分布几乎不可能。公司管理人员在进行项目决策时，通常会依据经验和市场调查等手段对各种参数做出事前判断，由于这种判断存在不准确性，管理人员需要通过灵敏度分析考虑参数估计与事实偏离程度给项目带来的影响，这种分析也是一种描述项目风险的手段。

三、数值模拟

如前所述，在灵敏度分析中，往往通过假设各项目参数相互独立、随机变量个数较少以简化问题。这是因为如果将所有项目参数都视为相互关联且服从不同分布的随机变量，那么最终投资决策变量的分布将极其复杂，求解解析式的过程将异常艰难。然而，随着计算机技术的发展，完全可以采用数值模拟（numerical simulation）的方式对决策变量分布做出估计，而不用计算其具体解析表达式。同样地，将结合案例对该方法进行说明。

【例6-6】丙公司近期决定新设一条手机生产线以扩充产能。首先，丙公司需要购进一批价值20亿元的生产设备。该设备使用期限为5年，采用直线法进行折旧，无残值。设备到达后，丙公司将进行手机的生产与销售。假设手机每年的销售价格P（单位：元）与销售数量Q（单位：万台）服从二维对数正态分布，且 $(\ln P, \ln Q) \sim N(7.5, 4; 0.01, 0.04; -0.3)$。另外，该项目每年的固定成本为1000万元，平均可变成本为650元。假设丙公司使用的折现率为10%，企业所得税税率为25%，所有的现金流发生在年末，不计摊销及各种其他费用，忽略增值税等各类附加税及其他。

由销售价格P和销售数量Q的分布可知：$\ln P \sim N(7.5, 0.01)$，$\ln Q \sim N(4, 0.04)$，且 $\rho = \dfrac{\mathrm{Cov}(\ln P, \ln Q)}{\sqrt{D(\ln P)}\sqrt{D(\ln Q)}} = -0.3$。其中，对数正态分布表明手机的销售价格与销售数量为正值，相关系数小于零表示销售价格与销售数量呈现出此消彼长的态势。

若要计算丙公司的净现值分布，首先需要计算出其现金流结构，从而不可避免地需要计算营业收入（P×Q）的分布。显然，由二维对数正态分布推导营业收入的分布过程较为复杂。为避免繁琐的数学计算，将利用计算机数值模拟技术观察净现值的分布状况。

在计算机上，有多种途径能实现这种数值模拟，本书仅以Excel为例，对其大致过程进行说明。

第一步，生成两个服从标准正态分布且相互独立的随机样本x和y。在Excel中，相应的函数表达式为：

$x = \text{NORMSINV}(\text{RAND}())$，$y = \text{NORMSINV}(\text{RAND}())$。其中RAND()函数作用为生成一个位于区间（0,1）的随机数，NORMSINV()函数为返回标准正态累积分布函数的反函数。

第二步，利用上述随机样本生成符合二维对数正态分布的销售收入P与销售数量Q，过程如下：令$\varepsilon_1 = x$，$\varepsilon_2 = x\rho + y\sqrt{1-\rho^2}$；令$P = \exp(\sqrt{0.01} \times \varepsilon_1 + 7.5)$，$Q = \exp(\sqrt{0.04} \times \varepsilon_2 + 4)$。

第三步，对丙公司的经营现金流进行测算，并计算项目净现值NPV。相应的计算公式如下（单位为万元）：

$$OCF_i=(P \times Q - 650Q - 1000 - 40000) \times (1 - 25\%)+40000,\ i=1,2,\ldots,5$$

$$C_0 = 200000$$

$$NPV = \sum_{i=1}^{5} \frac{OCF_i}{(1+r)^i} - C_0$$

第四步，重复第一步至第三步499遍，直至生成500个NPV值。将NPV由小至大分为等距的10组，画出其频数分布折线图如下：

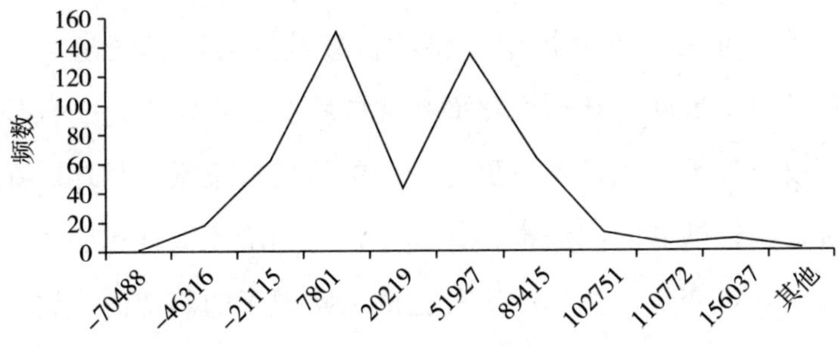

易见，此时净现值呈现出双峰分布的特征，且较多分布于正值区间。

在本例中，放弃了各项目参数间相互独立的假设。这是因为根据经济学理论，商品的销售量与价格密切相关，且大多数情况下，手机市场销售量受需求影响较大，因此价格越高，销售量越低。除价格与销售数量外，本例未将其他参数设置成随机变量。事实上，在数值模拟中，随机变量的增加并不会显著增加项目决策的操作难度。最后，本次数值模拟次数为500次，若想提高项目决策变量的分布精度，也可进一步增加模拟次数。

第三节　决策树分析

一、多阶段投资决策

在前述投资决策分析中，对于投资项目，往往只考虑在一个时点做出决策。然而，在现实生活中，许多工程项目的生命周期较长，可以分为多个阶段，每个阶段都需要做出相应的决策。

另外，在灵敏度分析中，将项目参数视为随机变量，用来说明工程项目进展随着环境变化而变化的特征。事实上，工程项目的变动不仅受环境变化影响，更与企业的投资决策紧密相连。在项目开展过程中，随着时间的推移，那些在初始阶段被视作服从一定概率分布的随机变量，在当前阶段已成为实现了的确切值，这将促使企业做出新的决策，从而极大地影响工程项目的发展路径，并进一步改变工程项目的最终收益。

将不同时点的决策纳入考虑后，投资决策将由单阶段决策变为多阶段决策。不失一般性地，本节主要考虑两阶段投资决策问题。从项目规模的角度来看，企业在进行第二期决策时，主要有三种策略：扩张策略、收缩策略、维持不变。在企业进行业务的扩张与收缩时，项目的净现值NPV、内部收益率IRR等指标也将发生相应变化，从而可能进一步影响第一期的决策。

接下来，将从案例出发，对工程项目的多阶段决策过程进行具体说明。

【例6-7】丙公司旗下拥有某知名茶饮甜品连锁品牌，由于在A省经营效益不错，其近期考虑对奶茶门店进行扩张。在深入进行市场调研后，丙公司得出结论：若在B省开设一家新门店，当前投入为500万元，而后每年将产生X万元的永续经营现金流。其中，X为离散型随机变量，取值为60或120，概率皆为50%。另外，由于餐饮行业的高风险性，该项目的折现率为20%。

在对该项目进行投资决策时，根据决策区间的不同，有两种不同的分析角度，接下来将分别予以说明。

（1）单阶段投资决策

根据现金流结构，对该项目的净现值进行测算，易知：当永续经营现金流为60万元时，项目的净现值为-200万元；当永续经营现金流为120万元时，项目的净现值为100万元；项目的期望净现值为-50万元。由于期望净现值为负，因此应该拒绝该项目。

（2）多阶段投资决策

在单阶段投资决策分析中，忽略了丙公司随时间变化而继续做出决策的可能。事实上，当第一年的经营现金流实现后，对于该项目未来的发展状况，丙公司将有更为深刻的认识，因此也能做出更加符合公司利益的选择。具体而言，当第一年的经营现金流为120万元时，公司决策者将考虑增加投资以开设多家奶茶门店，即对该项目进行扩张。假设在B省开设5家门店后，每家门店的经营现金流仍相同，那么此时丙公司将实现净现值433.3万元。另外，当第一年的经营现金流为60万元时，公司决策者将不会选择扩张。结合上述两种情况，可得整个项目的期望净现值为：

$$E(NPV)=50\%\times(100+\frac{400}{1+20\%})+50\%\times(-200)=116.7\text{ 万元}$$

由于期望净现值为正，因此应该接受该项目。

由上述分析可见，在进行多阶段投资决策后，单阶段投资的决策结果发生了变化，在单阶段投资决策中被拒绝的项目将被重新接受。这是因为在第二期决策时，丙公司可以选择实施扩张策略，从而改变项目的现金流结构，并进一步改变项目的净现值。

接下来考虑一个与收缩策略相关的案例。

【例6-8】丙公司从事智能手机生产销售业务。长期以来，由于上游手机零配件生产厂商供货质量与效率的不稳定，丙公司的生产销售业务面临许多不可控因素。为此，丙公司近期考虑对一家上游核心供应商——丁公司实施并购，以更好地控制成本及保证产品质量。

在聘请专业机构担任财务顾问并与丁公司高管商议后，关于该并购项目，丙公司得到了如下方案：丙公司采用现金收购的方式，向丁公司股东支付5000万元以购买丁公司的全部股权；在获得丁公司的控制权后，该项目将为丙公司带来每年Y万元的永续经营现金流。其中，Y为离散型随机变量，取值为1600或-200，概率皆为50%。另外，财务顾问的服务费用为20万元，忽略其他费用，丙公司的折现率为15%。

首先，需要注意的是，聘请财务顾问的费用为沉没成本，无论是否并购都需支付，因此并不计入项目初始投资。其次，与例【6-7】类似，从两种不同的分析角度出发，对该项目进行投资决策分析。

（1）单阶段投资决策

根据现金流结构，对该项目的净现值进行测算，易知：当永续经营现金流为1600万元时，项目的净现值为5666.7万元；当永续经营现金流为-200万元时，项目的净现值为-6333.3万元；项目的期望净现值为-333.3万元。由于期望净现值为负，因此应该拒绝该项目。

（2）多阶段投资决策

当第一年的经营现金流实现后，丙公司将根据项目发展状况做出进一步的决策。若第一年项目经营现金流为1600万元，丙公司将按照计划继续运营丁公司，项目净现值为5666.7万元。若第一年项目经营现金流为-200万元，丙公司将意识到继续运营丁公司将带来进一步的亏损。假设此时丙公司可以无成本地终止该项目，为及时止损，丙公司将采取这一行动，此时项目净现值为-5173.9万元。综合上述两种情况，可得整个项目的期望净现值为：

$$E(NPV)=50\%\times(\frac{-200}{1+15\%}-5000)+50\%\times(\frac{1600}{15\%}-5000)=246.4\text{ 万元}$$

由于期望净现值为正，因此应该接受该项目。

在多阶段投资决策中，由于丙公司可以在第二期决策时实施收缩策略，因此净现值的计算结果与单阶段投资决策结果不同。

需要注意的是，在上述两个案例中，由于项目参数带有随机性，项目的净现值是服从一定概率分布的随机变量，为得出确切的投资决策，采用了一个隐含假设：投资者依据期望净现值进行决策，当期望净现值大于零时，接受该项目，否则拒绝。事实上，当决策变量具有随机性时，上述假设只是众多决策准则的一种，其他一些常见的决策准则还有最大最小准则（悲观准则）、最大最大准则（乐观准则）等，本书在此不过多展开，有兴趣的读者可自行了解。

二、决策树

在解决多阶段投资决策问题时，通常可以采用决策树（decision tree）的方式对问题进行分析。以【例6-7】中的奶茶门店投资决策为例，可以画出一个两阶段的决策树，如图6-1所示。

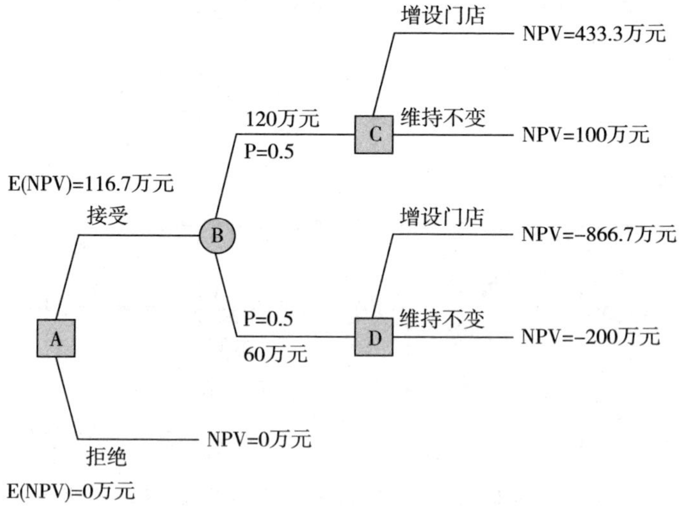

图 6-1　奶茶门店项目决策树

在上述决策树中，方框表示决策节点，决策节点后延伸出的每条“树枝”代表一个决策方案；圆圈表示事件节点，事件节点后延伸的每条“树枝”代表一种自然状态。另外，不同决策节点做出的决策方案集合在一起，将构成一个决策序列，例如，决策节点A后的决策方案“接受”与决策节点C后的决策方案“增设门店”共同构成一个决策序列。

利用决策树求解多阶段投资决策问题的方法可称为逆向归纳法，具体步骤如下。

①从决策树的末端开始，计算出每个决策序列及相应自然状态下的最终项目净现值。在奶茶门店项目案例中，这样的项目净现值有五个，分别为433.3万元、100万元、-866.7万元、-200万元以及0万元。

②结合项目净现值及自然状态的概率分布，倒推出最后一步决策对应的项目期望净现值。在奶茶门店项目案例中，最后一步决策对应的期望净现值与最终项目净现值相同，这是因为假定此时决策后项目的状态将不再具有随机性。

③结合最后一步决策对应的项目期望净现值及自然状态的概率分布，倒推出倒数第二步决策对应的项目期望净现值。以此类推，直至计算出第一步决策对应的项目期望净现值。在奶茶门店项目案例中，第一步决策对应的项目期望净现值有两个，分别为接受项目对应的116.7万元与拒绝项目对应的0万元。

④根据各步决策项目期望净现值的大小，选择期望净现值较大的决策方案。在奶茶门店项目案例中，丙公司将在第一步决策选择“接受”项目。此后，若项目经营现金流为120万元，丙公司将在第二步决策选择“增设门店”；若项目经营现金流为60万元，

丙公司将在第二步决策选择“维持不变”。

最后，需要说明的是，虽然本节在介绍决策树方法时仅仅以两阶段投资决策为例，但决策树也适用于更多阶段的投资决策问题，且随着决策阶段数的增加，决策树的优势将更加凸显。

本章习题

1. 由于成本上升，某产品的变动成本提高了1元/件，为了抵消成本上升带来的不利影响，企业决定提高产品单价1元/件。那么净现值下的销量盈亏平衡点将发生怎样的变化?

2. 某个投资项目需要初始投资100万元，投资回报在未来两期收回。在第一期投资者有0.5的概率获得现金流50万元，有0.5的概率获得现金流80万元。当第一期投资者获得现金流50万元时，在第二期投资者将分别以0.5的概率获得现金流50万元、100万元；而当第一期投资者获得现金流80万元时，在第二期投资者将分别以0.5的概率获得现金流-50万元、-100万元。

（1）如果允许投资者在第一期结束时无成本地退出该项目，那么该项目是否值得投资？请用决策树法进行分析。

（2）如果投资者无法中途退出该项目,那么该项目还值得投资吗?

3. 某公司最近开发了一种新的产品，计划进行大规模生产，此生产项目的经济寿命为3年。购买生产设备初始投资额为150万元，每年折旧为50万元，无残值。预计投产后每年的固定成本为150万元，新产品的单位变动成本为20元，其销售单价为32.5元，税率为20%，折现率为25%。$\text{PVIFA}(0.25,3) \approx 2$ 。

（1）请问此生产项目净利润下的销量盈亏平衡点是多少？

（2）请问此生产项目净现值下的销量盈亏平衡点是多少？

（3）假设销售价格受到市场影响而波动。当公司计划销售20万件该产品，为保证净现值为正，它能承受多大程度的负面价格冲击？

第三部分

融资决策

第七章 资本结构与项目价值

第一节 融资决策的基本问题

一、投资决策与融资决策

如前所述，项目估值是工程经济学的核心问题。估值主要分三步进行。首先，依据一定的财务假设，预测项目各期的经营现金流量；其次，测算项目使用的折现率；最后，依据折现率对各期经营现金流量进行折现，进而得出项目的现值与净现值，这是前面投资决策分析的核心。也就是说，投资决策往往会在给定的折现率基础上进行分析。

随之派生出来一个问题，折现率受什么因素影响？因为折现率也会影响到项目估值，不同的折现率下，项目价值不同。一旦项目完成初始出资，未来各期所产生的经营现金流量就基本由项目经营、行业等因素决定，与折现率的关系不大，那么在投资决策的分析中，最可能影响到折现率的就是初始投资。

回忆计算工程项目净现值的过程中，会用项目的现值减去初始投资。对初始投资进行融资，主要有两个源泉：公司直接投资形成的股权出资和向第三方借款形成的债权出资。初始投资中，究竟该多大比例使用股权出资，多大比例使用债权出资，这就进入了融资决策问题。

二、融资决策的两个基本问题

资本结构可以表示为债权价值与股权价值的比例。如果债权价值用B表示，股权价值用S表示，资本结构就可以用B/S表示。

这里首先需要界定两个基本问题。

第一，债权价值B由分配给债权投资者的现金流，经由债权资本成本 r_B 折现而得。

第二，股权价值S由分配给股权投资者的现金流，经由股权资本成本 r_S 折现而得。

可以看出以下两点。

第一，股权价值和债权价值是股权和债权的现值，是市场价值的概念，不是账面价值的概念，经由未来现金流折现所得。

第二，不同类别的现金流，使用不同的折现率，债权资本成本 r_B 与股权资本成本 r_S 不同。

如果将项目未来各期的经营现金流量视为外生给定，结合上述两点，融资决策就会存在以下两个基本问题。

第一，项目价值由经营现金流量通过折现率折现而得，那么，资本结构（B/S）是否会影响到这一折现率？考虑到股权与债权的出资方式，将项目价值视为股权价值与债权价值之和，那么项目使用的折现率就是股权资本成本 r_S 与债权资本成本 r_B 的某种加权，因此，将项目的折现率称之为加权平均资本成本（weighted average cost of capital，WACC）：

$$WACC \equiv r_S \frac{S}{B+S} + r_B \frac{B}{B+S}$$

那么该问题转化为：资本结构（B/S）是否会影响到加权平均资本成本（WACC）？

第二，资本结构是否会影响到项目价值？如果项目价值用 V_L 表示，该问题就可以表示为B/S 是否会影响到 V_L ？与WACC相比，V_L 或许是项目决策者更为关注的问题。也就是说，针对项目所需的初始投资额度，采用不同的资本结构，是否会影响到项目价值。

因此，资本结构（B/S）与加权平均资本成本（WACC）和项目价值（V_L）之间的关系，是融资决策中的核心问题。

第二节　无关性定理

一、项目价值与资本结构无关

首先来看资本结构（B/S）与项目价值（V_L）之间的关系。莫迪利安尼（Franco Modigliani）和米勒（Merton Miller）在总结前人研究的基础上，于1958年给出了一个里程碑式的定理：项目价值与资本结构无关，即 V_L 与B/S无关。这一定理有时也被称为MM第一定理或者MM I，可以表示为：

$$V_L = V_U = \frac{OCF}{r_U}$$

V_U 表示无杠杆项目的价值，即完全由股权出资时项目的价值。OCF 为经营现金流量，有时也被称为无杠杆现金流UCF（unlevered cash flow，UCF），因为引入债权投资就是引入杠杆，引入无杠杆现金流的概念可以很好地与杠杆现金流相对应，有助于对杠杆和资本结构的理解。r_U 表示无杠杆项目的股权资本成本，即初始投资全部采用股权出资下对应的股权资本成本。

这里不准备给出该定理的详细证明，不妨从以下四个方面进行理解。

第一，该定理的成立需要满足一系列的前提假设条件，包括无税收、无套利、无交易成本、无代理成本、无破产成本等。因此一旦放宽假设，该无关性定理未必成立。

第二，项目价值由未来的现金流决定。也就是说，项目价值 V_L 仅与OCF 相关。评估项目价值，更重要的是预测未来的现金流量，而不是设计资本结构。

第三，杠杆项目的价值与无杠杆项目的价值相等，项目不能通过引入债权融资来增加项目价值。通过设计资本结构来增加项目价值是不可能的。

第四，无杠杆项目的价值显然是将无杠杆下的现金流 OCF 以无杠杆的股权资本成本 r_U 进行折现获得，无杠杆现金流实质上又是经营现金流量，因此杠杆项目的价值，就是将经营现金流量以无杠杆的股权资本成本 r_U 这一折现率进行折现。经营现金流量和无杠杆股权资本成本是决定项目价值的两个基本因素。

米勒曾经使用如下例子来形象地表示该定理：将项目价值比喻成一块馅饼，资本结构表示为切馅饼的方式，那么馅饼的大小与切馅饼的方式无关。

二、加权平均资本成本与资本结构无关

再来看融资决策的另一个基本问题，即资本结构与加权平均资本成本之间的关系。从项目价值与资本结构的无关性定理可以直接得出如下推论：加权平均资本成本与资本结构无关。这一推论表述如下：

$$WACC = \frac{OCF}{V_L} = \frac{OCF}{B + S} = r_U$$

这一无关性的推论，也可以从以下四个方面进行理解。

第一，成本率或者收益率可以表示为投资期内的现金流所得与期初投入之比，因此加权平均资本成本就可以定义为经营现金流量OCF与项目价值 V_L 之比。这里不妨将OCF理解为息税前利润EBIT，项目价值理解为“购买”该项目的一次性投入。

第二，WACC仅与债权价值B和股权价值S二者之和相关，而与二者的比例，即与资本结构B/S无关。这就表明，不能通过资本结构的调整来降低项目的资本成本。

第三，WACC与无杠杆的股权资本成本 r_U 相等。只要 r_U 不变化，WACC就不会发生任何变化，试图通过调整资本结构来降低资本成本无法实现。

第四，项目价值 V_L 与项目资本成本WACC实质上是一枚硬币

的两面，二者乘积即为经营现金流量OCF。因此，给定OCF，只要知晓 V_L 和WACC的其中一项，就能计算出另一项。

三、投资决策与融资决策无关

除了项目价值和加权平均资本成本二者与资本结构无关外，莫迪利安尼和米勒还同时指出，项目的投资决策也与融资决策无关，即进行投资的前提条件是投资回报率不低于无杠杆项目的股权资本成本。

这里不展开进行讨论，本书后续章节主要涉及的是前两个无关性定理及相关的调整变化。

第三节　税收因素对无关性定理的修正

一、对项目价值的修正

项目价值与资本结构的无关性定理的成立，依赖于一系列假设，这其中就包括税收因素。

尽管债权价值与股权价值共同构成了项目价值，但分配给债权人的利息和分配给股东的股利有一点不同，那就是利息可以避税而股利需要纳税。在得到息税前利润EBIT之后，先分配给债权人利息，得到税前利润EBT，缴税之后的净利润才可分配给股东。

在不考虑税收等因素下，无杠杆项目的价值与有杠杆项目的价值相等。引入税收后，可以将杠杆项目的价值视为以下两个价值之和：无杠杆项目的价值以及利息形成的税盾效应的现值。因此，可以将项目价值与资本结构的无关性定理修正为：

$$V_L \equiv B + S = V_U + tB = \frac{OCF}{r_U} + tB = \frac{EBIT(1-t)}{r_U} + tB$$

这也被称为有税的MM第一定理。可以基于以下三点进行理解。

第一，将无杠杆现金流和税盾形成的现金流均视为永续现金流，即假设项目为永续经营，债权价值B也不发生变化。

第二，无杠杆项目的价值 V_U 是无杠杆现金流OCF对 r_U 进行折现。由于考虑税收，无杠杆现金流即经营现金流量，可以表示为息税前利润减去税收，即 $EBIT(1-t)$， t表示税率。同时，折现率 r_U 表示考虑税收因素后无杠杆项目的股权资本成本。

第三，税盾效应是项目在无杠杆基础上形成的一个现金流增量。显然，每期的利息为债权价值B乘以债权资本成本 r_B，即 $r_B B$。因为利息无需纳税，每期节约税收的额度为 $tr_B B$。不同的现金流应该采用对应的折现率进行折现，采用 r_B 对该现金流进行折现，即此时折现后的税盾效应的现值即为 tB。

二、对加权平均资本成本的修正

由于利息可以产生税盾效应，使用债权进行融资时，债权的实际融资成本为 $r_B(1-t)$。因此，杠杆项目的加权平均资本成本可以修正为：

$$WACC = r_S \frac{S}{B + S} + r_B(1 - t)\frac{B}{B + S}$$

不考虑税收时，加权平均资本成本WACC恒等于无杠杆项目的股权资本成本r_U。显然，考虑税收效应后，加权平均资本成本会下降。如果现金流不变，折现率下降，现值将会提高。因此，税收因素的引入，可以降低项目的资本成本，从而提高项目的价值，这与有税的MM第一定理的结论一致。正如前文指出，项目价值与加权平均资本成本，是一枚硬币的两面。

后续章节中，对项目价值和加权平均资本成本的分析，均考虑税收，若要对无税情形进行分析时，将会专门指出。

第四节　其他因素对无关性定理的修正

一、破产成本因素

从有税的MM第一定理可以看出，债权融资份额越大，项目价值越大，那么以100%的债权融资时，项目价值可以实现最大。也就是说，债权融资只会带来正向效应，只会给项目带来积极影响。但是，理论分析得出的完全债权融资对项目最有利这一情形，在实践中并不常见。

债权可以形成税盾效应这一优点显而易见，但是债权与股权的不同之处还在于，债权具有法定清偿的属性。项目如果在运营的过程中无法偿还利息，就会破产，破产所产生的成本就是破产成本。也就是说，除税盾效应的优点外，债权还具有可能带来破产成本的缺点。这样来看，债权的使用，就是在上述两种效应下的一种权衡。当税盾效应超过破产成本时，就应该增加债权。但是，当债权的使用超过某一额度后，破产成本就会超过税盾效应，这时候继续增加债权，不仅不会降低项目的加权平均资本成本，反而会使其进一步提高，项目价值也会因此下降。

一旦考虑进破产成本，债权所带来的效应就会相应复杂。破产成本的分析中存在一个很难的问题，即如何对其进行度量。这体现在，只有在项目破产时，它才会产生，而项目正常运转时，它并不发生。

多大额度的债权会使得项目破产，这一问题更多的是在理论层面进行分析，在工程管理的实践中很难清晰度量。

二、代理成本及其他因素

工程项目价值由股权价值和债权价值共同构成。一个理想的情形是，股权人和债权人共同追求项目的价值最大化，但显然，二者的利益并不必然一致。因目标不一致引发的冲突成本就是一种代理成本。代理成本可以在博弈论的框架下进行分析，这时显然需要界定股权人和债权人二者所追求的不同目标。

在工程项目实践中，除了股权人和债权人外，还有其他员工参与项目的实际运营。其他员工与股权人和债权人的利益也容易产生冲突，这又会产生另一种代理成本。

除破产成本与代理成本因素外，税收因素同样会影响债权规模的确定。前文考虑的税收种类仅仅是指企业所得税，而项目面临的税收种类极为复杂，还包括个人所得税、附加税等，这里不做进一步的展开分析。

本章习题

1. 如何理解MM第一定理？
2. 如何理解WACC与资本结构无关？
3. 是否存在最优的资本结构？
4. “债权越大，项目价值越低”有可能吗？

第八章
股权资本成本

第一节　什么是股权资本成本

一、股权资本成本的概念

股权资本成本是项目融资决策中的重要概念。在工程经济学中，它可以被看作是公司层面、行业层面乃至整个经济层面的一个基础性指标。对于股权资本成本的界定和测算，将直接影响到项目的价值评估及相关决策。

有趣的是，一方面，股权资本成本的概念十分清晰，无论是专家学者还是普通投资者在这一点上都没什么分歧，但另一方面，股权资本成本的度量又充满争议。常见的股权资本成本测算方法多达十余种，且每种方法在理论层面都有依据，但不同方法的前提假设是否符合实践则没有定论。可以说，股权资本成本是工程经济学中最为基础，也是最难以捉摸的概念之一。

股权资本成本，是指投资者对项目进行股权投资时，所期望获得的、与其承担风险相匹配的资本报酬率。这种报酬率本质上是多层次的：在投资决策中，它表现为投资者所希望获得的股权收益率，同时也是对股权现金流的折现率；在融资决策中，它表现为融资者需要付出的股权成本水平；在股票市场中，它又体现为股票收益率。

虽然股权资本成本的概念具有多重性，但这种多重性源自于不同的分析场景，它们在本质上仍然是统一的，并不存在分歧，例如股权融资时投资方所要求的报酬率，实际上也是融资方将要承担的资本成本水平，二者分别是投资者和融资者视角下的股权资本成本，这也反映了无套利的思想。

本章节的股权资本成本主要将其视为股权现金流的折现率而进行讨论。讨论股权资本成本，更多地是为了基于股权现金流计算项目中股权部分的价值，一旦计算出了股权部分的价值，只要再获取到债权部分的价值，就能够得到项目的资本结构、加权平均资本成本、项目价值等一系列信息，投资决策和融资决策就可实现统一。

二、股权资本成本的特征

股权资本成本的概念实际上体现了两个特征：预期和理性。

预期体现在股权资本成本是对未来现金流的折现，而不是对过去现金流的计算，计算股权资本成本，是为了将未来的股权现金流贴现到当前，从而得出股权部分的真实价值。无论处于哪个时间节点，这种贴现率都客观存在，因此可以说，融资过程并不影响股权资本成本的存在性。无论是尚未融资，还是将要融资，也无论是尚未产生股权现金流，还是已经产生股权现金流，都存在这么一个客观的股权资本成本，体现股权投资者所要求的股权报酬率。

理性则体现在股权资本成本与风险相关，投资项目的风险越高，投资者所要求的报酬率也越高，对于股权现金流的折现率也就越大。这种风险既包括项目外部因素所导致的，也包括项目内部因素所导致的。外部因素主要包括宏观经济、资本市场、行业发展等项目或企业内部无法改变的因素。当外部风险因素增多时，或是外部投资的收益率变高时，因为投资者对项目进行股权投资所承担的风险或潜在损失也越大，所以要求的股权报酬率即股权资本成本也越大。内部因素则主要体现在经营表现上，包括经营业绩、抗风险能力、管理水平等，经营表现越佳，股权投资者承担风险越小，要求的股权报酬率即股权资本成本也越小。

第二节　为什么要测算股权资本成本

一、股权资本成本无法直接观测

虽然无论在理论上还是实践中，股权资本成本都是一个极为重要的考量因素，但可惜的是，股权资本成本无法通过观测直接获得。由于股权投资的特殊性，股权的报酬率无法通过书面契约进行确定，即便通过书面契约对股东进行了报酬率方面的承诺，这个承诺通常也不具备可信力，更像是一个名义上的股权资本成本，而不是真正的股权资本成本。

股权资本成本的不可观测性，更多地是相对于债权资本成本而言的。对于债权融资来说，项目方可以与投资方签订明确的书面契约对债权的要求报酬率进行确定。在通常情况下，只要项目能够正常运转，便需要按照约定的报酬率支付利息等债权成本支出，那么这时的约定报酬率便是债权部分的资本成本。当然，极端情况下，项目可能出现资不抵债、破产清算等情形，但这种情形出现几率相对较低，对于绝大部分债权融资而言，其债权资本成本都可以通过观测直接获得。

由于股权资本成本无法直接观测获取，但股权资本成本又在项目、公司、行业、市场的分析中至关重要，所以需要对股权资本成本进行测算，利用可观测的数据测算出股权资本成本。这个概念有点类似于计量回归中回归系数的真实值和估计值，在计量回归中，客观存在一个真实的回归系数，但无从获知，只能通过不同的算法对观测数据进行统计分析，得出回归系数估计值，用估计值去近似地代替或逼近真实值，当符合完美的假设条件时，估计值也被视作是真实值的无偏估计。在股权资本成本的测算中也是如此，客观存在一个真实的股权资本成本，但是这个真实的股权资本成本无论对于股权投资方还是融资方都是一个未知数，只能在一定的假设条件下，依靠可观测数据去计算一个合理的股权资本成本估计值，用这个合理的估计值来近似地代替或逼近真实的股权资本成本。

二、股权资本成本测算的重要性

股权资本成本的不可观测性，决定了其只能通过测算获得，无论采用的是哪种测算方法。在前文中，已经回答了为什么是测算而不是观测等其他方式，还没有解释测算股权资本成本的意义，即测算股权资本成本究竟有什么用，接下来将回答这一问题。

用一句话来概括，测算股权资本成本，是为了掌握资本结构、加权平均资本成本与项目价值等信息。

在估值理论中，项目的价值由股权价值和债权价值所组成。虽然也可能受到来自税收、破产成本、代理成本等因素的影响，但本质仍然是源自于股权和债权两部分。税收、破产成本、代理成本等的影响，也是来自于股权和债权的内部作用或相互作用。例如破产成本，就被认为与资本结构相关，资本结构就是一种股权与债权相互作用的体现，资本结构中股权所占比重越小，债权所占比重越大，项目的杠杆越大，破产风险和破产成本也越大。

所以，工程经济学要进行项目估值，就需要计算股权价值和债权价值。要计算股权价值，就要计算归属股权部分的现金流和折现率。要计算折现率，就需要测算股权资本成本。反过来说，测算出股权资本成本，就得到了股权部分现金流的折现率。得到股权现金流折现率，再用总的现金流减去债权部分现金流得到股权部分现金流，就可以计算股权部分价值。得到股权部分价值，再加上债权部分价值，就得到项目的资本结构。得到项目的资本结构，再加上股权资本成本和债权资本成本，就得到项目的加权平均资本成本。资本结构、加权平均资本成本明晰了以后，项目估值的核心问题也就得到了解决。

第三节　测算股权资本成本的原理

一、基于预期财务指标的事前估计法

如何测算公司或项目的股权资本成本，一直以来都是整个经济学的研究重点。目前对于股权资本成本的测算原理主要可分为两类：事前估计法和事后估计法。

事前估计法，顾名思义，便是依靠事件实现前的预测数据来估计股权资本成本。目前主要是基于预期的财务指标进行测算，通常是在一定的财务假设基础上，对项目未来的现金流情况进行预测，同时再通过股价、资本投入等指标获取项目股权的现值，通过计算恰好使未来现金流折现等于当前价值的贴现率，来测算股权资本成本。

事前估计法的优点在于，它回归了股权资本成本的本质概念，体现了股权资本成本的“预期”特征，不过度依赖于过去的历史信息。但缺点也很明显，由于股价、资本投入等指标是客观的，因此测算的股权资本成本几乎完全取决于财务预期假设，假设是否合理将直接关系到测算的股权资本成本是否准确。

二、基于历史收益回报的事后估计法

事后估计法，是依靠事件实现后的数据来估计股权资本成本，例如股价变动数据等。目前主要是基于已实现的收益率来测算股权资本成本，通过计算风险溢价，进而得到股权资本成本。这种方法认为项目过去的收益回报，已经客观反映了过去的股权资本成本。理论上讲，只要找到过去的股权资本成本的构成方式，就可以用同样的方法测算未来的股权资本成本。

事后估计法的优点在于，数据来源较为客观且容易获取，一般来说数据通常是客观存在的，不是基于假设而得出的。缺点在于，这一方法的前提假设过于严格，需要满足所有投资者理性、资本市场充分有效率等假设，但实际上，项目的历史收益回报往往会受到多重因素的“噪音”干扰，并不能看作是过去股权资本成本的无偏估计。

第四节　测算股权资本成本的几种方法

一、基于股利折现模型的测算

股利折现模型（dividend discount model，DDM），是资本市场发展早期运用最为广泛的股权资本成本测算方法。但这种方法十分依赖于公司的股利政策，随着资本市场的发展丰富，包括互联网公司在内的许多企业减少了现金股利的发放，要么不发放或发放极少股利，要么采用股票回购等方式代替发放现金股利，对这一方法的应用造成了很大影响。

在股利折现模型中，投资者买卖股票主要是为了获得享受现金股利的权利，因此用未来发放的每股股利 Div_i 来代替未来属于股权的现金流，用股票价格 P_0 来代替项目股权现值，通过计算使未来现金流等于现值的折现率，便得到股权资本成本：

$$P_0=\frac{Div_1}{1+r_S}+\cdots+\frac{Div_{T-1}}{(1+r_S)^{T-1}}+\frac{Div_T}{(1+r_S)^T}\cdots$$

如果假设公司未来的股利以稳定形式增长，增长率为g且永续增长，整理可以得到：

$$P_0=\frac{Div_1}{r_S-g}$$

将这个公式重新排列，可得到股权资本成本：

$$r_S=\frac{Div_1}{P_0}+g$$

因此，已知当前股票价格、下一年股利以及股利增长率，就能够计算出股权投资者的要求报酬率，这同时也是企业的股权资本成本。可以看到，股权投资者的要求报酬率由两部分组成，一部分来自公司分发的股利，一部分来自股利的稳定增长。

【例8-1】若某科技公司的股利支付率保持不变，预计未来每年股利增长率为6%，股利收益率为1.5%。即 $g=6\%$，$\frac{Div_1}{P_0}=1.5\%$，那么该公司的期望回报率即股权资本成本为6%+1.5%=7.5%。

【例8-2】假设一家上市企业的普通股每股价格为20元，预计下一期股利为1元，同时股利将以10%的速度持续增长。该股票的期望收益率为：

$$r_S=\frac{1}{20}+10\%=15\%$$

基于股利折现模型测算股权资本成本，所需要的数据十分简单，只需要三个数据。但简单的背后也蕴含着缺陷，对于这三个数据，都存在一定的争论。例如，当前股价是否能够真实反映股权现值？如何计算不发放现金股利公司的股权资本成本？股利始终保持一个稳定的增长率是否符合实际？这些问题使得基于这一模型测算出的股权资本成本有时存在很大误差，且适用性不够广。当然，专家学者也对这些问题进行了一定改进，包括改用两阶段或多阶段增长来描述股利变化，用其他价格来表示股权现值等等，由于方法众多，本书在此就不再赘述。

二、基于MM第二定理的测算

在无税的条件下，根据MM第一定理可知，WACC与公司的资本结构无关，因此无杠杆公司的资本成本与带杠杆公司的资本成本相同，有：

$$r_U = WACC$$

结合WACC的定义：

$$WACC \equiv r_S \frac{S}{B+S} + r_B \frac{B}{B+S}$$

联立以上两个方程，可以得到无税条件下的MM第二定理：

$$r_S = r_U + \frac{B}{S} \times (r_U - r_B)$$

在有税的条件下，根据MM第一定理，对于带杠杆的公司而言，有：

$$V_L = S + B = V_U + tB$$

可以得到 $V_U = S + (1-t)B$。同时，由于等式两端的现金流应该相等，因此有：

$$S \times r_S + B \times r_B = V_U \times r_U + tB \times r_B$$

再将 $V_U = S + (1-t)B$ 代入，整理后可以得到有税条件下的MM第二定理：

$$r_S = r_U + \frac{B}{S} \times (1-t) \times (r_U - r_B)$$

这表明在MM第二定理下，当公司的资本结构发生变化时，股东承担的风险也随之发生变化，随着负债权益比的提高而增加，因此股权资本成本也相应地发生变化，变化的程度会受到税率的影响。税率越高，债权的税盾效应越强，股东承担的风险相对越低，股权资本成本也越低。在这个等式中，可以把无杠杆公司的股权资本成本看作一把标尺，其他公司的股权资本成本都是依靠这把标尺计算得出的。

在基于MM第二定理的测算方法中，只要知道资本结构、债权资本成本和无杠杆企业的股权资本成本，企业股权资本成本就能快速计算得出。运用MM第二定理估计股权资本成本时，关键在于无杠杆企业股权资本成本 r_U 的确定。

【例8-3】若某公司在无杠杆时的股权资本成本为7%，现在考虑采用债权与股权之比为1:1的资本结构，债权资本成本为5%，不考虑公司税。那么新资本结构下的股权资本成本为：

$$r_S = r_U + \frac{B}{S} \times (r_U - r_B) = 7\% + (7\% - 5\%) = 9\%$$

若考虑公司税，所得税税率为25%，则股权资本成本为：

$$r_S = r_U + \frac{B}{S} \times (1-t) \times (r_U - r_B) = 7\% + (1-25\%) \times (7\% - 5\%) = 8.5\%$$

【例8-4】 Y公司经营范围横跨三个行业，各部分市值和行业对应的无杠杆贝塔系数 β_U 如下：

行业	市值（亿元）	行业无杠杆贝塔
地产	20	1
软件	10	1.25
百货	10	0.6

已知Y公司有1亿份流通股票，当前股价为20元。公司其余资本均为公司债券，债券评级为A，该级别相当于对于国债收益率的信用利差为4%。Y公司适用的所得税率为25%，市场风险溢价为8%，国债收益率为4%，将国债收益率视为无风险利率。

Y公司的无杠杆贝塔系数为：

$$\beta_U = \frac{20}{20+10+10} \times 1 + \frac{10}{20+10+10} \times 1.25 + \frac{10}{20+10+10} \times 0.6 = 0.9625$$

从而无杠杆条件下公司的股权资本成本为：

$$r_U = r_f + \beta_U \times (r_m - r_f) = 4\% + 0.9625 \times 8\% = 11.7\%$$

Y公司的总资本为40亿元，其中股权资本的市场价值20亿元，故债权资本的市场价值为 $40-20=20$（亿元）。债权资本成本 $r_B = 4\% + 4\% = 8\%$。在公司采用杠杆时，其股权资本成本为：

$$\begin{aligned} r_S &= r_U + \frac{B}{S} \times (1-t) \times (r_U - r_B) \\ &= 12\% + \frac{20}{20} \times (1-25\%) \times (12\% - 8\%) \\ &= 15\% \end{aligned}$$

三、基于资本资产定价模型的测算

资本资产定价模型（capital asset pricing model，CAPM）主要是从市场无套利的条件出发的，从无套利的角度构造市场组合，并对各项金融资产的风险进行定价。CAPM的假设条件十分严苛，对投资者的行为、效用、资本市场等都有较为严格的规定。由于证明CAPM并不是本章节的主线内容，本章节更关注如何使用CAPM来计算股权资本成本，因此这里就不对CAPM的假设和证明过程进行展开了。CAPM用于测算股权资本成本的公式表达如下：

$$r_S = r_f + \beta_S \times (r_m - r_f)$$

其中 r_S 表示股权资本成本，r_f 表示无风险收益率，$r_m - r_f$ 表示市场组合的风险溢价，β_S 是股权相对于市场组合的贝塔系数。

在CAPM模型中，股权资本成本的来源主要包括两部分，一部分是无风险收益率，另一部分则是股权的风险溢价补偿。由于无风险收益率、市场组合的风险溢价都是外生给定，因此对股权资本成本的测算，关键在于股权所代表的金融资产与市场组合之间的贝塔系数 β_S。

贝塔系数 β_S 衡量的是股权所代表的金融资产相较于市场组合的波动情况，也可以在一定程度上看作是系统性风险水平。贝塔系数可正可负，正的贝塔系数表示资产与市场组合的波动方向相同，负的贝塔系数则表示波动方向相反，通常出现在一些做空的金融资产上。绝对值越大的贝塔系数表明资产的波动越剧烈，系统性风险越大。特别地，当贝塔系数为零时，资产没有系统性风险，但未必是无风险的，可能依然存在非系统性风险。

因此，在已知无风险收益率、市场组合收益率的条件下，只要能够获取股权所代表的金融资产的贝塔系数，就可以通过CAPM计算出股权资本成本。

【例8-5】下表为甲、乙两公司的相关数据。无风险收益率为4%，市场风险溢价为5%。

公司	甲公司	乙公司
β	1.5	1.0

根据资本资产定价模型，甲、乙两公司的股权资本成本分别如下：

$$r_{甲} = 0.04 + 1.5 \times 0.05 = 0.115$$
$$r_{乙} = 0.04 + 1.0 \times 0.05 = 0.09$$

因此，根据资本资产定价模型，甲公司的股权资本成本为11.5%，乙公司的股权资本成本为9%。

CAPM也可以用于计算项目组合的股权资本成本，这种情况在生活中也十分常见，例如集团公司全资持股多个子公司，那么此时测算集团公司的股权资本成本便是测算多个子公司投资组合的资本成本。与测算单一项目一样，测算项目组合的股权资本成本的关键也在于测算贝塔系数。通常，项目组合的贝塔系数可通过加权平均的方式计算获得。

【例8-6】在【例8-5】的基础上，若无杠杆公司丙全资持有甲、乙两家公司，其中甲公司与丙公司的市值比为2:3，则丙公司的贝塔系数为：

$$\beta_{丙}=1.5 \times 0.4 + 1.0 \times 0.6=1.2$$

丙公司的股权资本成本为：

$$r_{丙} = 0.04 + 1.2 \times 0.05 = 0.10$$

以上案例中出现的贝塔都是已知的，但在现实生活中，贝塔系数却不会如此轻易地获得。那么当贝塔系数未知时，如何计算呢？

常见的计算贝塔的方法可以分为两种，一种是绝对计算法，从贝塔的定义出发，计算目标公司与市场组合的波动关系，另一种是相对计算法，从某个类比公司出发，通过去杠杆和加杠杆公式，计算目标公司的贝塔系数。

根据贝塔系数的定义，其计算公式为：

$$\beta_S = \frac{Cov(r_S, r_m)}{\sigma^2(r_m)}$$

分子表示目标公司收益率与市场组合收益率的协方差，分母表示市场组合的方差。通过计算这二者之间的比率，便可以得到目标公司的贝塔系数。协方差和方差的计算方法属于统计学的基础知识，这里不再展开，感兴趣的读者可以参考下面的例子进行了解。

【例8-7】Y公司的股票以及市场组合的历史收益率数据如下表所示，请计算Y公司的贝塔系数，假设无风险收益率为2%，市场组合风险溢价为4%，请通过CAPM计算Y公司的股权资本成本。

年度	历年Y股票报酬率（Y_i，%）	历年市场报酬率（X_i，%）
1	2	1
2	1	0
3	2	3
4	3	−2

续表

年度	历年Y股票报酬率（Y_i，%）	历年市场报酬率（X_i，%）
5	5	4
6	2	3
7	4	4
8	5	3

根据所给历史数据可以计算历年X_i^2、X_iY_i的值，如下表所示：

年度	历年Z股票报酬率（Y_i，%）	历年市场报酬率（X_i，%）	X_i^2	X_iY_i
1	3	1	1	3
2	1	0	0	0
3	2	3	9	6
4	3	−2	4	−6
5	5	4	16	20
6	2	3	9	6
7	3	4	16	12
8	5	3	9	15
期望	3	2	8	7

将数据带入贝塔的计算公式，可得：

$$\beta_Y=\frac{EXY-EX\cdot EY}{EX^2-(EX)^2}=\frac{7-3\times 2}{8-2^2}=0.25$$

根据CAPM，可得Y公司的股权资本成本为：

$$r_Y=2\%+0.25\times 4\%=3\%$$

在现实生活中，市场组合通常是难以观测的，因此通过历史收益率数据计算目标公司的贝塔往往难以进行。更常见的是基于一家或几家类比公司，通过去杠杆获得无杠杆公司的贝塔系数，再通过加杠杆公式，对目标公司的贝塔系数进行计算。类比标的可以是单个公司，也可以是行业内的多家公司，计算多家公司时，通常会取平均无杠杆贝塔作为行业的无杠杆贝塔。

计算步骤如下。

首先对类比公司进行去杠杆：

$$\beta_U=\beta_{类比}\div\left[1+\frac{B_{类比}}{S_{类比}}\times(1-t)\right]$$

得到无杠杆贝塔系数β_U，再根据目标公司的资本结构加杠杆：

$$\beta_{目标}=\beta_U\times\left[1+\frac{B_{目标}}{S_{目标}}\times(1-t)\right]$$

就得到了目标公司的贝塔系数$\beta_{目标}$，此时再使用CAPM即可计算出目标公司的股权资本成本。

【例8-8】A公司为家用电器制造企业，目前准备进入汽车制造业。A公司目前的股东负债权益比为4/3，进入汽车制造业后资本结构保持不变，税前债权资本成本为5%。汽车制造业的代表企业为B公司，该公司的股东负债权益比为6/5，股东贝塔系数β_B为1.2。已知无风险利率为4%，市场风险溢价为7%，两公司所得税税率均为25%。

要估计A公司的股权贝塔，首先选定B公司为可比公司，由于两家公司的资本结构不同，应确定该行业内不含财务杠杆的贝塔系数。

$$\beta_U=\frac{1.2}{1+(5/6)\times(1-25\%)}=0.7385$$

将无杠杆贝塔系数转换为A公司含有负债的股权贝塔，得：

$$\beta_A=0.7385\times\left[1+(1-25\%)\times(3/4)\right]=1.1538$$

【例8-9】假设市场组合的波动率为10%，期望收益率为12%，无风险收益率为4%。现有投资者B对甲、乙、丙三家公司进行投资组合，相关信息如下：

公司	占投资组合比重	波动率	与市场组合的相关系数
甲	25%	12%	0.6
乙	30%	16%	0.7
丙	45%	14%	0.5

根据贝塔系数计算公式：

$$\beta_S=\frac{Cov(r_S,r_m)}{\sigma^2(r_m)}=\frac{\rho_{Sm}\times\sigma(r_S)\times\sigma(r_m)}{\sigma^2(r_m)}=\frac{\rho_{Sm}\times\sigma(r_S)}{\sigma(r_m)}$$

则甲、乙、丙公司的贝塔系数分别为：

$$\beta_{甲}=\frac{0.6\times0.12}{0.1}=0.72$$

$$\beta_{乙}=\frac{0.7\times0.16}{0.1}=1.12$$

$$\beta_{丙}=\frac{0.5\times0.14}{0.1}=0.7$$

则投资组合的$\beta_{组合}$系数为：

$$\beta_{组合}=0.25\times0.72+0.3\times1.12+0.45\times0.7=0.831$$

根据资本资产定价模型，该投资组合的期望收益率为：

$$E(r_{组合})=0.04+0.831\times(0.12-0.04)=10.648\%$$

资本资产定价模型因其简单明确，具有很强的实用性。只要有公司的贝塔系数、无风险利率和市场组合风险溢价，股权资本成本就能通过公式计算得出。同时，资本资产定价模型存在着一定的局限性。

第一，资本资产定价模型的假设条件过于苛刻，如投资者理性，无交易成本等，现实情况难以满足。

第二，真正的市场组合难以获取，通过其他方式逼近市场组合存在误差。

第三，贝塔系数和无风险利率没有统一的确定标准，不同标准之间相差很大。

虽然CAPM的局限性在一定程度上削弱了其应用价值，但其背后蕴含的金融逻辑始终在资产定价领域占据着核心地位，对于CAPM模型的一系列质疑和改进也大大推动了资产定价理论的发展。

四、基于套利定价理论的测算

套利定价理论（arbitrage pricing theory，APT）是斯蒂芬·罗斯（Stephen Ross）在1976年提出的理论，本质上是基于无套利原则提出的一种风险因子模型，认为股权资本成本取决于其关联的风险因子。CAPM就是一种特殊的单因子APT，在CAPM中风险因子有且仅有一个，即市场风险溢价。

多因子套利定价理论中，资产的风险来源于多种风险因子，既包括宏观层面的，也包括微观层面的。常用的宏观层面风险因子有 GDP 、利率和通货膨胀等，微观层面的风险因子有公司财务杠杆、账面市值比等。

APT多因子模型的一般形式为：

$$r_S = \alpha_S + \beta_{S1} \times F_1 + \beta_{S2} \times F_2 + \ldots + \beta_{Sn} \times F_n + e_S$$

其中 $F_1,\cdots,F_n$ 表示风险因子，$\beta_{S1},\cdots,\beta_{Sn}$ 表示资产对风险因子的敏感度，α_S 为截距项，e_S 表示随机误差。

目前常用的Fama-French三因子模型是多因子模型的一个特例，模型认为证券之间的收益率差异可有三个因子来解释，分别为市场因子、市值因子及账面市值比因子，除此之外还有Fama-French五因子模型等。

相比于资本资产定价模型，套利定价理论有以下优势。

第一，套利定价理论只需假设少数精明的投资者会将市场的套利机会消除，而资本资产定价模型要求几乎所有的投资者都是均值方差最优化者。

第二，套利定价理论是由可观测的市场组合作为因子，而资本资产定价模型依赖于无法观测到的市场组合。

但是，对于单一资产和高残差风险，套利定价理论并不是完全优于资本资产定价模型，二者各有优劣。

套利模型定价的不足之处在于，预测的风险溢价会因为越来越大的残差风险降低精确性，如果残差风险很高就无法实现分散化，套利定价理论无法解决这一问题。

最后需要指出的一点是，如果套利定价理论中只有一个因子，那么套利定价理论和资本资产定价模型从形式上讲类似，但两种模型所使用的前提假设不同，因此形式上的等价并不意味着理论上的等价。此外，套利定价理论是近似定价，而资本资产定价模型是精确定价。

本章习题

1. 试说明股利折现模型的优缺点。

2. 已知某公司即将发放本年股利1.0元/股，预计今后每年股利增长5%，该公司股票的期望回报率是13%，那么当前公司股价是多少？

3. 利用资本资产定价模型估计股权资本成本时，可以如何计算贝塔系数？

4. 已知甲、乙、丙三家公司股票的贝塔系数分别为1.2、1.4、0.8，甲、乙两家公司股票的期望回报率是16%和18%，根据资本资产定价模型，丙公司的股权资本成本是多少？

5. 资本资产定价模型和套利定价理论对投资者所作的假设有何不同？

第九章
债权资本成本

第一节　什么是债权资本成本

一、债权资本成本的概念

与股权资本成本一样，债权资本成本是指投资者对项目进行债权投资时，所期望获得的、与其承担风险相匹配的资本报酬率。

简单来说，债权资本成本就是企业负担债务所需的资金成本，广义上的债权资本成本包括利息和筹资费用两部分，狭义上的债权资本成本仅包括利息。显然债权资本成本的前一种度量口径更合理，但一般而言，由于筹资费用相比利息较小，两者差异不大。

具体到融资决策中的债权资本成本的概念，首先应当明确这项成本是企业为了进行新项目的投资而计划借入新债务的成本，理论上来说和现有债务的历史成本无关。其次，企业借入债务时，尽管借贷合同规定了债务人应当支付的利息数额，但是债务人可以选择违约，因此债权资本成本中包含的利息应当是指债务人最终实际能支付的利息，借贷合同所给出的利息数额只有在企业运行良好、有能力支付时才被实际支付。

若遵循债权资本成本的这一定义，由于未来的借贷合同尚未确定，且借款后企业实际能支付的利息都不能完全准确预测，可用于融资决策的债权资本成本根本不可能得到。实务中测算的债权资本成本并未严格遵循这两条标准，债权资本成本的实际测算一般都依赖于现有债务的历史成本，且是以借贷合同给出的承诺利息为准。

二、债权资本成本的特征

无论是理论上还是实务上，对债权资本成本的分析都要比股权资本成本简单得多。首先，作为债权现金流的折现率，债权现金流的结构比股权现金流简单得多。在绝大多数情况下，利用债权融资的企业能够兑付本息，因此债权现金流基本可由借贷合同规定的数值给出。基于债权现金流的这一特征，要计算企业的债权资本成本，只需要在无风险利率的基础上，考虑企业无法按期兑付债务本息时的现金流状况，对无风险利率进行调整。而股权资本成本对应的股权现金流无法事前由融资合同给出，受各种内外部影响因素大，现金流分布情况极端不规则，因此对股权资本成本的分析比债权资本成本复杂很多。

第二节 测算债权资本成本的基本原理

一、从现有成本到未来成本

常用的债权资本成本测算方法是以现有债权的回报率进行估计的。对于债权融资来说，这样的处理方法具有一定的合理性。

第一，要在融资决策中计算股权或债权资本成本，一定程度上需要依靠对现有股权或债权回报率的估计。从上一章对股权资本成本测算方法的介绍可以看到，即使是对现有股权回报率的估计都要依赖于极强的理论假设，根本原因在于现有股权在未来的收益仍然是不确定的，必须对其做大量的假设。而现有债权的历史成本的计算则不同，企业现有债权在未来的现金流基本已经给定，基于现有债权的市场价值，得到现有债权的回报率。

第二，债权资本成本相比股权资本成本更稳定。原因在于内外部经济环境变化首先影响股权现金流然后才影响债权现金流，因此债权现金流和债权资本成本比股权现金流和股权资本成本更稳定，这为利用现有债权的回报率估计未来的债权资本成本提供了合理的保证。

二、从承诺回报率到期望回报率

原则上来说，计算现有债权的回报率需要考虑企业违约的情形，但实务中一般以借贷合同中承诺的利息计算回报率，而非企业实际能够支付的利息。有以下三点理由：

第一，对违约概率的估计较为复杂，计算承诺回报率则绕开了这个问题。

第二，从融资决策的决策者角度出发，决策者以最大化股东利益为目标。但是只要企业债务发生违约，在有限责任制下，在进行债务清算时，股东权益将变为零，这样的决策显然不是股东利益最大化的。当决策者希望企业持续经营，避免出现违约时，会假设最终能兑付所有债务，这样就需要以计算的承诺回报率作为债权资本成本。

第三，尽管违约看上去减少了企业的本息支付义务，但若考虑到因违约而进行债务清算时发生的中介、法律等费用将会由企业直接承担，因而期望回报率低估了企业的违约成本。

第三节　债权资本成本与利率

一、几组利率的概念

债权资本成本与利率是“一个硬币的两面”，是资金价格的两种说法。企业向债权人支付的报酬称为债权资本成本，债权人从企业得到的投资回报率称为利率。

债权资本成本的测算以现有债权的回报率（亦即利率）为基础，本节将介绍与利率相关的内容。

在实际借贷场景中，利率往往存在不同的度量方法，它们的含义也有所不同，下面对几组相对的利率概念进行介绍。

1. 名义利率与实际利率

假设甲公司向银行贷款100万元，贷款一年后到期需要向银行归还本金并支付利息6万元。那么容易计算出其名义利率为6%，它代表以货币计算，贷款到期时甲公司需要向银行支付本金的6%作为利息。但这一年内货币的购买力可能发生了变化，例如这一年通货膨胀率为2%，这表明一年后106万元本息和的购买力相当于只有现在的 $\frac{106}{1+2\%}=103.92$ 万元。因此若剔除通货膨胀因素，以贷款时刻的货币购买力计算，企业实际需要负担的利息是3.92万元，由此计算得到的利率3.92%称为实际利率。

一般来说，直接以货币为计价单位计算、未经通货膨胀调整的利率为名义利率，在名义利率的基础上经过通货膨胀调整得到的利率为实际利率，实际利率实际上是以购买力为单位衡量的利率。假设企业的名义利率为 i，企业的实际利率为 r，通货膨胀率为 π，则名义利率与实际利率之间满足以下关系：

$$1+i=(1+r)\times(1+\pi)$$

这一方程被称为费雪方程（Fisher Equation）。当 r,π 不太大时，费雪方程还可近似表示为：

$$i=(1+r)(1+\pi)-1\approx r+\pi$$

【例9-1】若一年期名义利率为15.5%，通货膨胀率为5%，则实际利率为多少？

由于名义利率为15.5%，则有：

$$1+15.5\%=(1+r)\times(1+5\%)\text{，}\quad r=10\%$$

故一年期实际利率为10%。

一般债务到期时的通货膨胀率在债务发生时是无法确定的，费雪方程中的通货膨胀率可用通货膨胀率的预期值Eπ代替，此时费雪方程转化为：

$$i=r+E\pi$$

无论是债权人还是债务人都更关注实际利率r，但是双方缔结的借贷合同一般规定名义利率i，当实际发生的通货膨胀率与预期不符时，表明双方缔结借贷合同时错误估计了实际利率，进而导致无效的决策。

【例9-2】丙公司当前从事的业务实际回报率为5%，为扩大生产经营规模，其考虑找银行A借一笔规模为1000万元的一年期短期贷款。在对丙公司进行资质评估后，银行A对该笔授信业务的名义利率报价为7%。

若丙公司预期一年内的通货膨胀率为3%，则该短期贷款的事前实际利率为4%，低于实际回报率，此时丙公司将接受银行报价并扩大业务生产规模。若丙公司预期一年内的通货膨胀率为1%，则该短期贷款的事前实际利率为6%，高于实际回报率，此时丙公司将拒绝该银行报价。假设丙公司最终接受了银行A的报价，一年后贷款合约到期，此时回顾借贷期间的通货膨胀率，为1.5%。因此，该笔贷款对应的事后实际利率为5.5%，债权资本成本高于公司的实际回报率，由于未能准确预期未来的通货膨胀率，丙公司做出了无效的融资决策。

2. 年化利率和有效年利率

一般而言，对于一笔债务，利息支付是在债务到期之前多次进行的，相邻两次利息支付之间的时间间隔称为付息周期。每次支付的利息除以本金就可得到利率，但是不同的债务付息周期不同，这种方法计算得到的利率缺乏可比性，必须对其进行一定的标准化。常见做法是将债务的付息周期折算到1年。

与股权融资不同的是，股利的发放一般都是以年为周期，但债务利息的支付周期长短不一，非常多样化。为便于比较不同付息周期的债权资本成本，需要将周期标准化（一般为年）。因此，债权资本成本一般以年化利率（或有效年利率）的形式表示。

年化利率（annual percentage rate）是每年支付的利息总和与本金之比。银行的报价利率、债权票面利率一般为年化利率。年化利率必须和付息周期同时给出。

有效年利率（effective annual rate，EAR）指在按照给定的计息期利率和每年复利次数计算利息时，能够产生相同结果的每年复利一次的年利率。计算公式如下：

$$\mathrm{EAR}=(1+\frac{i}{n})^{n}-1$$

其中：EAR为有效年利率，i为名义利率，n为一年内计息次数。

【例9-3】假设一定期理财年化利率为8%，按季度付息。由于年化利率将一年内的利息简单加总，因此季度利率=8%÷4=2%

此时，有效年利率 $EAR=(1+2\%)^4-1=1.0824-1=8.24\%$

事实上，年化利率与有效年利率体现了单利和复利的概念。

3. 税前利率与税后利率

企业进行债权融资时存在税盾效应，即企业支付债权人的利息在企业缴纳企业税前支付，债务利息起到了抵扣部分税款的作用。税前利率是指应付利息和债务本金的比率，税后利率是指考虑税盾效应实际支付利息和债务本金的比率。

$$税后利率=税前利率\times(1-所得税税率)$$

投资者更关注税前利率，因为此处的“税”是指企业所得税，投资者的投资收益不受企业所得税影响。而企业更关注税后利率，这是企业实际需要承担的债权资本成本。

二、利率的影响因素

对于特定的一笔借款或一只债券，它的利率受到多种因素的影响。

利率反映资金价格，首先受到系统性因素的影响，包括社会平均利润率和通货膨胀率两个方面。社会平均利润率提高时，融资需求旺盛，导致利率上升。而通货膨胀会导致货币购买力下降，因此利率会包含对债权人的通货膨胀补偿，即对货币购买力下降的补偿。当通货膨胀率上升时，利率也会相应上升。

除了系统层面的因素外，不同的贷款、不同的债券的利率往往各不相同。国债或政府债券由于发行量大、流通性高，这些债券的利率常被作为利率的基准。其他债务对应的利率在此基准上变动，因为利率还受到债务自身的因素，即非系统性因素的影响。

影响利率的非系统性因素主要包括企业信用状况、期限、流动性等。

企业信用状况是指企业按期偿还债务本息的能力，当企业无法按期兑付时就会违约。因此，债权人会要求企业为可能的违约风险提供一定的补偿，企业信用状况越差，补偿的幅度越大。市场中存在一类专业的信用评级机构，可以对企业及其发行的债券的信用状况进行等级评定。信用评级越高的债券，违约风险越小，发行这些债券的企业的债权资本成本一般也越低。

不同期限的债权利率不同。利率期限结构指其他条件相同的情况下利率与期限之间的关系。利率期限结构的相关理论包括预期理论和流动性偏好理论。预期理论认为，利率期限结构完全取决于对未来利率的市场预期。如果预期未来利率上升，则利率期限结构会呈上升趋势；如果预期未来利率下降，则利率期限结构会呈下降趋势。预期理论的关键假设是投资者对于短期债权和长期债权无明显偏好。但一般认为，期限越长的债权受利率波动的影响越大，风险也越大。为了补偿这种风险，投资者会对长期债权要求额外的补偿，这也是流动性偏好理论的观点。根据流动性偏好理论，即使预期未来利率不发生变化，期限越长的债权利率越高。

利率还受债权本身的流动性影响。流动性是衡量资产变现速度的指标。同类型的资产，流动性越好、越容易变现的资产价格越高，这种溢价称为流动性溢价。以公开交易的债券为例，债券交易量越活跃，流动性越好，流动性溢价越高。对应地，若企业以发行债券的方式进行融资，当债券的流动性越好，债券的发行价格越高，融资成本就越低。即使企业以其他方式进行债权融资，只要债权容易在债权人之间转移，融资成本也会降低。

第四节　债权资本成本的测算方法

一、不考虑筹资费用的到期收益率法

如果企业目前已有债券发行，且债券的市场价值容易获得，那么可以使用债券的到期收益率作为债权资本成本。

到期收益率（yield to maturity）是投资购买债券且债券本息按期兑付时的内部收益率，即债券票面约定的未来现金流量现值等于债券市价时的贴现率。到期收益率也是承诺收益率的概念，在计算到期收益率时，不考虑违约可能性，假设债券发行人能够按期支付利息并且到期偿还本金。

实务中债券的到期收益率一般用年化利率表示，这种表示方法的好处在于当债券平价发行时，到期收益率等于票面利率。

【例9-4】丙公司为周转资金，拟在市场上发行规模为3亿元的5年期债券。债券的票面价值为100元，票面利率为4%。债券每年付息一次，到期一次还本，最后一期利息随本金的兑付一起支付。起息日为2020年4月1日，付息日为2021年至2025年每年的4月1日。

（1）平价发行

若债券的认购价格为100元，到期收益率记为y_1，则有：

$$\frac{4}{1+y_1}+\frac{4}{(1+y_1)^2}+\frac{4}{(1+y_1)^3}+\frac{4}{(1+y_1)^4}+\frac{104}{(1+y_1)^5}=100$$

易得，$y_1=4\%$，即此时债券的到期收益率等于债券的票面利率，平价发行时，丙公司的债权资本成本为4%。

（2）溢价发行

若债券的认购价格为100元，到期收益率记为y_2，则有：

$$\frac{4}{1+y_2}+\frac{4}{(1+y_2)^2}+\frac{4}{(1+y_2)^3}+\frac{4}{(1+y_2)^4}+\frac{104}{(1+y_2)^5}=102$$

易得，$y_2=3.56\%$，即此时债券的到期收益率小于债券的票面利率，溢价发行时，丙公司的债权资本成本为3.56%。

（3）折价发行

若债券的认购价格为100元，到期收益率记为y_3，则有：

$$\frac{4}{1+y_3}+\frac{4}{(1+y_3)^2}+\frac{4}{(1+y_3)^3}+\frac{4}{(1+y_3)^4}+\frac{104}{(1+y_3)^5}=98$$

易得，$y_3=4.46\%$，即此时债券的到期收益率大于债券的票面利率，折价发行时，丙公司的债权资本成本为4.46%。

【例9-5】丁公司为评估扩大生产的可行性，现对资本成本进行评估。公司已发行面值1000元的长期债券，票面年利率为12%，每半年付息一次，该债券还有5年到期，当前市场价格为1020元，不考虑发行费用。

对于长期债券，若到期收益率为y，则有：

$$\frac{60}{1+y/2}+\frac{60}{(1+y/2)^2}+\frac{60}{(1+y/2)^3}+\cdots+\frac{60}{(1+y/2)^9}+\frac{1060}{(1+y/2)^{10}}=1020$$

根据插值法可得，丁公司发行的债券的到期收益率为 $y=11.48\%$，即丁公司的债权资本成本为11.48%。

若企业同时发行了多只债券，那么计算企业整体的债权资本成本需要对这些债券的到期收益率进行加权。若公司有k只不同的债券，第i只债券的到期回报率、市场总价值分别为 y_i、B_i，记公司的债权资本成本为 r_B，则有：

$$r_B=\frac{\sum_{i=1}^{k}(y_{Bi}\times B_i)}{\sum_{i=1}^{k}B_i}$$

【例9-6】在【例9-5】中，若丁公司发行了另一种长期债券，到期收益率为8%。这种债券的总市值为300万元，通过两种债券的到期收益率加权，则丁公司的债权资本成本 r_B 为：

$$r_B=8\%\times\frac{150}{150+300}+11.48\%\times\frac{300}{150+300}=10.32\%$$

相对到期收益率的另一个概念，期望回报率（expected return）则将债券发行人违约风险考虑在内，通过估计企业违约概率计算投资者实际可得到的现金流的期望值，继而计算债券的期望收益率。期望回报率往往会小于到期收益率。某些违约风险极高的债券（“垃圾债券”）往往到期收益率相当高，但期望回报率远低于此。

对于投资者来说用期望回报率更有意义，但从企业债权资本的角度看则未必。当企业通过发行债券融资时，一般选取债券的到期收益率作为企业债权融资的资本成本。这么做的原因是企业在进行融资决策时基于企业未来能够持续经营的假设，总是尽可能稳健经营避免债务违约，同时债券的期望回报率忽略了企业违约相关的法律、清算等成本，这将低估实际的资本成本。此外，到期收益率相比于期望回报率的优势在于，到期收益率的计算更加便捷，不考虑发行人的违约风险，因为违约率的确定比较困难且有较大的误差。

二、考虑筹资费用的到期收益率法

企业以债权方式进行融资时，除利息成本外，还会产生一部分筹资费用。例如企业通过银行贷款，银行会在利息的基础上收取一定的费用；通过发行债券融资时企业也要支付中介、会计等费用。

一般来说，企业需要在筹得本金时支付相应的筹资费用，企业实际的净筹得资金是合同约定的本金扣减筹资费用。此时，计算债权资本成本应以净筹得资金为基础。

【例9-7】在【例9-4】中，如果债券的发行价格为100元，为发行该债券，企业还承担了合计600万元的筹资费用。债券发行价格为100元时，企业共计发行300万份债券，每份债券的平均筹资费用为2元，那么计算债权资本成本时，每份债券实际筹得的资金是98元。考虑筹资成本后的债权资本成本可按下式进行计算：

$$\frac{4}{1+y_1}+\frac{4}{(1+y_1)^2}+\frac{4}{(1+y_1)^3}+\frac{4}{(1+y_1)^4}+\frac{104}{(1+y_1)^5}=98,\quad y_1=4.46\%$$

应该注意，尽管扣减筹资费用后发行一份债券实际筹得98元，但债券到期时需要偿还的本金仍然是100元。这里得到的结果比

【例9-8】给出的结果4%更高，因为后者仅考虑了利息成本。

一般而言，与利息成本相比，筹资费用占比相对较小，因此进行债权融资时，筹资费用一般不会成为影响决策的决定性因素。

三、利用可比企业的债权资本成本

有些情况下，无法直接计算企业现有债务的资本成本，例如企业目前没有债务、债务的市场价格难以估计等。但如果存在行业、运营模式、盈利模式等方面相同或相近的可比企业，而这些可比企业的债权资本成本可以计算，那么可以将可比企业的债权资本成本进行调整后作为待测算企业的债权资本成本。

四、风险调整法

如果企业没有已发行的债券，也找不到合适的可比公司，就无法直接用前面的方法。但前文分析了影响利率的若干因素，若能设法将这些因素量化，便可实现对企业债权资本成本的计算。实务中的方法是在同期限的国债到期收益率的基础上，对企业的信用风险进行调整得到企业的债权资本成本。测算某个期限的债权资本成本的具体方法是：首先，选取剩余期限与这一期限相同的国债的到期收益率作为基准；然后，分析本企业的财务状况以及评估企业的信用等级；之后，寻找市场中相同信用等级的债券，经加权平均后得到这一信用等级下的信用风险溢价；最后，以信用风险溢价对选取的国债到期收益率进行调整得到本企业的债权资本成本。

【案例9-8】甲公司目前没有债券发行，也找不到合适的可比公司。公司拟发行10年期债券，现在用风险调整法测算债权资本成本。经过财务评估认为，甲公司的信用等级大致为B级。目前市场中有两只信用等级为B级的债券，这两只债券以及剩余期限相同的国债的到期收益率如下表：

发债公司	债券剩余期限	债券到期收益率	国债剩余期限	国债到期收益率
乙	9年7个月	8.5%	9年7个月	4.5%
丙	10年4个月	8.9%	10年4个月	5.3%

将乙、丙两家公司发行的债券分别与剩余期限相同的两只国债相比，乙、丙两家公司的债券的信用风险溢价分别为 $8.5\%-4.5\%=4\%$ 、 $8.9\%-5.3\%=3.6\%$ 。将它们加权的结果 $(4\%+3.6\%)/2=3.8\%$ 作为信用等级为B级的债券的信用风险溢价。由于甲公司要发行10年期的债券，如果进一步得到剩余期限为10年的国债的到期收益率为4.8%，可在基准的国债到期收益率4.8%的基础上，以信用风险溢价3.8%进行调整，则甲公司10年期的债权资本成本为 $4.8\%+3.8\%=8.6\%$ 。

本章习题

1. 若企业债权融资需支付一定的筹资费用，应当如何测算债权资本成本？

2. 某债券的票面年利率为10%，三个月付息一次，则该债券的有效年利率是多少？

3. 某公开交易的债券的报价为990元，其面值为1000元，票面利率为8%，半年付息一次，期限为5年，求该债券的到期收益率。

第十章 杠杆项目的两种基本估值方法

第一节　加权平均资本成本法

一、估值公式

由第七章的分析可知，工程项目的价值，就是将项目未来各期产生的经营现金流量（即无杠杆现金流），以一定的折现率计算得到，而这一折现率就是加权平均资本成本（WACC）。这样计算项目价值的方法被称为加权平均资本成本法或WACC法。

假设项目持续T期，各期的经营现金流量为 OCF_i，项目价值 V_L 的计算公式为：

$$V_L = \sum_{i=1}^{T} \frac{OCF_i}{(1 + WACC)^i}$$

可以看出，使用加权平均资本成本法计算项目价值，除了需要确定项目周期、折现方式（一般是采用复利折现）外，更重要的是对以下两个参数的预测。

第一，各期经营现金流量 OCF_i 。本书第四章已经详细阐述了如何预测经营现金流量，它涉及一系列的基本财务假设，并且需要一定的实践经验，这里不再重复。

第二，加权平均资本成本 WACC 。由 WACC 的计算公式可知，预测WACC需要四个基本参数：资本结构B/S、股权资本成本 r_S 、债权资本成本 r_B 和税率 t 。

当项目永续经营且未来各期的经营现金流量都相同（均为OCF ）时，项目价值的表达式可以简化为：

$$V_L = \frac{OCF}{WACC}$$

这时候，将项目价值减去初始投资 C_0 ，就可以得出项目的净现值，即：

$$NPV = V_L - C_0 = \frac{OCF}{WACC} - C_0$$

此时就可以基于NPV的决策标准进行项目决策。如果项目现金流不规则或者周期为有限期时， NPV 的计算公式可同理得到。

二、应用举例

【例10-1】假设丙公司计划投资一个新的项目，初始投资 C_0 为3080000元，现已测算得到项目未来各期的经营现金流量的结构为（642500，820700，955760，1115154，1303196，2333085），单位是元。假设目标资本结构为B/S=1.2，且股权资本成本 r_S 为 10%，债权资本成本 r_B 为 5%，所得税税率 t 为20%。

容易计算得到加权平均资本成本为：

$$\begin{aligned} WACC &= r_s \frac{S}{B+S} + r_B(1-t)\frac{B}{B+S} \\ &= 10\% \times \frac{1}{1+1.2} + 5\% \times (1-20\%) \times \frac{1.2}{1+1.2} = 6.73\% \end{aligned}$$

于是就可以计算该项目的净现值：

$$\begin{aligned} NPV = V_L - C_0 &= \sum_{i=1}^{T} \frac{OCF_i}{(1+WACC)^i} - C_0 \\ &= \frac{642500}{1+6.73\%} + \ldots + \frac{1303196}{(1+6.73\%)^5} + \frac{233085}{(1+6.73\%)^6} - 3080000 \\ &= 2407309.63 \end{aligned}$$

即项目的净现值为2407309.63元。

【例10-2】丙公司计划投资一个新的项目，初始投资 C_0 为100000万元，经测算得到未来5年该项目的经营现金流量（OCF）如下表，单位是万元，假设第6年及以后项目能够继续稳定经营，OCF与第5年保持一致。

	第1年	第2年	第3年	第4年	第5年	永续期
OCF	4222.2439	18496.9166	25105.4846	30344.8948	33293.3641	33293.3641

当加权平均资本成本WACC为18.45%时，可以计算项目价值，它是前5年OCF现值加上之后项目永续稳定经营的OCF现值之和：

$$\begin{aligned} V_L &= \sum_{i=1}^{5} \frac{OCF_i}{(1+WACC)^i} + \frac{1}{(1+WACC)^5} \times \frac{OCF_6}{WACC} \\ &= \frac{4222.2439}{1+18.45\%} + \ldots + \frac{33293.3641}{(1+18.45\%)^5} + \frac{1}{(1+18.45\%)^5} \times \frac{33293.3641}{18.45\%} \\ &= 138938.28 \end{aligned}$$

项目净现值为 $NPV=V_L-C_0=138938.28-100000=38938.28$ 万元。

第二节 MM 第一定理法

一、估值公式

由有税的MM第一定理可知，杠杆项目的价值，等于项目在无杠杆（即不引入债权）情形下的价值加上债权形成的税盾现值。因此基于有税的MM第一定理，还可得到杠杆项目的另一种基本估值方法，称为MM第一定理法。

根据有税的MM第一定理，假设杠杆项目永续经营且未来各期的经营现金流量都相同（均为OCF），则项目价值可以表示为：

$$V_L = V_U + tB = \frac{OCF}{r_U} + tB$$

将项目价值减去初始投资 C_0，就可以得出项目的净现值，即：

$$NPV = V_L - C_0 = \frac{OCF}{r_U} + tB - C_0$$

利用税盾对净现值进行调整的方法，也被称为调整净现值法（adjusted net present value，ANPV），它实际上是MM第一定理的一个变体。

二、应用举例

【例10-3】丙公司计划投资一生产项目，投产后该项目永续稳定经营。该项目的初始投资 C_0 为1000万元，投产后每年可实现经营现金流量（OCF）200万元。已知丙公司完全以股权方式为该项目融资的资本成本 r_U 为20%，所得税税率t为20%。那么丙公司完全以股权方式为该项目融资时，该项目的净现值为：

$$NPV = V_U - C_0 = \frac{OCF}{r_U} - C_0 = \frac{200}{20\%} - 1000 = 0$$

如果丙公司为项目融资时债权融资B＝600万元，其余部分以股权融资的方式进行，那么此时项目的净现值为：

$$NPV = \frac{OCF}{r_U} + tB - C_0 = 120\text{万元}$$

第三节　在项目决策中的应用举例

这里给出一个案例，以进一步加深读者对两种估值方法的理解。

【例10-4】已知某个项目能够为公司带来永续的息税前利润

EBIT=1000万元，所得税税率 t 为20%，项目在无杠杆情形下的股权资本成本 r_U 为10%。假设该项目所需要的初始投资 C_0 为9000万元。

1. 如果初始投资额全部来自于股权融资，项目是否值得投资？

显然，该项目的价值为：

$$V_U = \frac{OCF}{r_U} = \frac{EBIT(1-t)}{r_U} = \frac{1000 \times (1-20\%)}{10\%} = 8000\text{ 万元}$$

项目的净现值为：

$$NPV = V_U - C_0 = 8000 - 9000 = -1000\text{ 万元}$$

因此，如果初始投资额全部为股权融资，$NPV < 0$，就不应该进行投资。

2. 至少需要引入多少债权融资，该项目才值得进行投资？

引入债权融资B后，项目的价值为：

$$V_L = \frac{EBIT(1-t)}{r_U} + tB = \frac{1000 \times (1-20\%)}{10\%} + 20\%B = 8000 + 20\%B$$

要使项目可投资，要求净现值非负，即：

$$NPV = V_L - C_0 = -1000 + 20\%B \geqslant 0$$

求解可得：$B \geqslant 5000$ 万元。也就是说，至少引入债权融资5000万元，该项目才是值得进行投资的。

对比可以看出，债权具有税盾效应的优点，有时候全部股权出资的条件下会放弃的项目，如果能够引入提高项目价值的债权，使得项目净现值大于零，那么就可以接受该项目。

3. 现在假设项目决定债权融资6000万元、其余部分股权融资，那么此时股权价值是多少？

债权融资6000万后，项目的价值为：

$$V_L = \frac{EBIT(1-t)}{r_U} + tB = \frac{1000 \times (1-20\%)}{10\%} + 20\% \times 6000 = 9200\text{万元}$$

这时候股权价值为：

$$S = V_L - B = 9200 - 6000 = 3200\text{万元}$$

需要特别指出的是，初始投资额度中，债权融资6000万元，股权融资相应为3000万元，但是股权初始投资额不等于股权价值，股权投资3000万元对应的市场价值为3200万元。

此时，项目的净现值为：

$$NPV = V_L - C_0 = 9200 - 9000 = 200\text{万元}$$

以上是基于MM第一定理法对项目价值的计算。下面再从WACC法的角度进行分析。要计算项目的WACC，需要知道股权资本成本r_S、债权资本成本r_B、资本结构B/S和税率t。从股权资本成本的计算公式可以知道，只要有项目的资本结构B/S，就可以基于MM第二定理计算r_S。

4. 假设项目的目标资本结构为B/S=15/8，债权资本成本r_B为4%，则项目的WACC和价值V_L为多少？

需要指出的是，之所以将目标资本结构设为15/8，这是因为从上一问可以看出，本项目的资本结构为6000/3200=15/8。

显然，由MM第二定理可知：

$$r_S = r_U + \frac{B}{S}(1-t)(r_U - r_B) = 10\% + \frac{15}{8} \times (1-20\%) \times (10\% - 4\%) = 19\%$$

进而，项目的加权平均资本成本为：

$$\begin{aligned} WACC &= r_S \frac{S}{B+S} + r_B(1-t)\frac{B}{B+S} \\ &= 19\% \times \frac{8}{23} + 4\% \times (1-20\%) \times \frac{15}{23} \\ &= \frac{200}{23}\% \end{aligned}$$

则项目的价值为：

$$V_L = \frac{OCF}{WACC} = \frac{EBIT(1-t)}{WACC} = \frac{1000(1-20\%)}{200\% / 23} = 9200 \text{万元}$$

项目的净现值为：

$$NPV = V_L - C_0 = \frac{OCF}{WACC} - C_0 = 9200 - 9000 = 200 \text{万元}$$

显然，基于MM第一定理法和基于WACC法计算出的项目价值 V_L 与净现值NPV一致。因此，两种基本估值方法具有内在的一致性。

事实上，从MM第一定理法出发，将项目价值 V_L 视为“购买”的价格，将经营现金流量视为各期的“收益”，则加权平均资本成本可以表示为：

$$WACC = \frac{OCF}{V_L} = \frac{EBIT(1-t)}{V_L} = \frac{1000(1-20\%)}{9200} = \frac{200}{23}\%$$

注意到，此时计算加权平均资本成本WACC实际上只用到了债权融资规模，并未涉及到债权资本成本 r_B。为了验证这一点，下面将债权资本成本更换为另一个值来重新计算WACC。

5. 假设项目的目标资本结构为B/S=15/8，债权资本成本r_B为6%，则项目的WACC为多少？

首先利用MM第二定理求解股权资本成本r_S：

$$r_S = r_U + \frac{B}{S}(1-t)(r_U - r_B) = 10\% + \frac{15}{8} \times (1-20\%) \times (10\% - 6\%) = 16\%$$

则加权平均资本成本为：

$$WACC = 16\% \times \frac{8}{23} + 6\% \times (1-20\%) \times \frac{15}{23} = \frac{200}{23}\%$$

显然，WACC并未发生变化，即无论债权资本成本r_B是4%还是6%，WACC计算结果一致，进而项目价值V_L也相等，项目净现值均为200万元。但应注意到，资本结构B/S在两种情形下均未发生变化。

如果仅仅计算项目的净现值，实际上也可以直接计算股权价值，用股权价值减去初始的股权投资额即可。需注意，不同的现金流应该采用不同的折现率进行折现，这里需要计算杠杆现金流LCF，这也是引入无杠杆现金流UCF的原因。

6. 假设项目的债权融资额度为6000万元，债权资本成本r_B为4%，股权资本成本r_S为19%，则项目的股权价值S是多少？

首先计算项目的杠杆现金流：

$$LCF = (EBIT - r_B B)(1-t) = (1000 - 4\% \times 6000)(1-20\%) = 608\text{万元}$$

对杠杆现金流用股权资本成本进行折现，可得项目的股权价值为：

$$S = \frac{LCF}{r_S} = \frac{608}{19\%} = 3200\text{万元}$$

注意到项目初始股权融资额度为3000万元，则项目的净现值为：

$$NPV = 3200 - 3000 = 200\text{万元}$$

这与前面的分析依旧一致。

对杠杆现金流LCF以股权资本成本r_S为折现率进行折现直接计算股权价值的方法，也被称之为股权现金流法（flow to equity, FTE）。

使用股权现金流法计算得到的NPV与WACC法或MM第一定理法计算得到的NPV一致，这从下面的公式可以直观看出：

$$NPV = S - (C_0 - B) = B + S - C_0 = V_L - C_0$$

其中，初始股权融资额度为初始投资额减去债权价值，即为$(C_0 - B)$。

最后，再对杠杆现金流LCF与无杠杆现金流UCF之间的关系用一句话加以说明：杠杆现金流LCF与净利润NI一致，无杠杆现金流UCF与经营现金流量OCF一致。

第四节　两种估值方法的比较

一、两种基本估值方法的等价性

事实上，第三节已经从案例的角度得到了加权平均资本成本法与MM第一定理法具有内在等价性，这里从理论的角度对此做进一步说明。

由于股权资本成本 r_S 可以经由MM第二定理计算得到，将MM第二定理代入加权平均资本成本的计算公式，整理如下：

$$
\begin{aligned}
WACC &= r_S \frac{S}{B+S} + r_B(1-t)\frac{B}{B+S} \\
&= \left(r_U + \frac{B}{S}(1-t)(r_U - r_B)\right)\frac{S}{B+S} + r_B(1-t)\frac{B}{B+S} \\
&= \frac{B+S-tB}{B+S} r_U \\
&= \frac{V_L - tB}{V_L} r_U
\end{aligned}
$$

从加权平均资本成本法出发，计算项目价值可得：

$$
\begin{aligned}
V_L &= \frac{OCF}{WACC} = \frac{OCF}{r_U}\frac{V_L}{V_L - tB} \\
&= \frac{OCF}{r_U} + \frac{OCF}{r_U}\frac{1}{V_L - tB} tB \\
&= V_U + V_U \frac{1}{V_U} tB \\
&= V_U + tB
\end{aligned}
$$

上式第三步等式中，由于 $V_L = V_U + tB$，则 $V_L - tB = V_U$。上述推导表明，加权平均资本成本法与MM第一定理法具有内在的一致性。

下面再从四个方面对两种基本估值方法做进一步解释。

第一，债权带来的税盾效应使得项目的资本成本下降，项目价值提高，但两种估值方法的出发点不同。WACC法的处理方式是将债权的影响放到折现率上，形成一个综合加权的折现率。而MM第一定理法则是将债权形成的税盾效应带来的现金流进行单独计算。

第二，MM第一定理法的处理方式，蕴含了无套利思想。股权与债权形成的项目总价值，等于无杠杆的项目价值与在此基础上形成的税盾这一增量之和，亦即整体等于部分之和。

第三，将MM第二定理代入WACC的计算公式得出的表达式可以看出如下结论：$WACC \times V_L = r_U \times V_U = OCF$。这样可以更为清晰地表明，只要项目的经营现金流量恒定，加权平均资本成本与项目价值二者只要知晓其一，就能算出另一个。

第四，两种基本估值方法等价，也表明了项目价值的唯一性。

二、加权平均资本成本法中的循环逻辑

回顾使用加权平均资本成本法计算项目价值，基本可以分为三步：第一步，预测项目的经营现金流量OCF；第二步，测算项目的加权平均资本成本WACC；第三步，对OCF用WACC折现得出项目价值。

一般而言，项目的债权价值B容易测算得到。而在上述步骤

中的第二步，需要掌握四个基本要素：资本结构B/S，股权资本成本r_S，债权资本成本r_B，税率t。为了能够计算WACC，需要得到资本结构B/S。但有了资本结构B/S和债权价值B之后就可直接计算出股权价值S，然后将债权价值B与股权价值S直接相加，就可以得出项目的价值，没必要再对经营现金流量OCF进行折现来计算项目价值。换言之，项目的债权价值B是容易测算的，要计算WACC需要以知晓项目价值V_L（或股权价值S）为前提，而加权平均资本法计算WACC的目的就是为了计算V_L，但在V_L待估时根本不可能计算得到WACC，因此用加权平均资本成本法进行估值存在循环逻辑缺陷。

从第三节的案例也可以看出，利用MM第一定理计算出项目价值后，就可以计算出加权平均资本成本，也就是说$V_L = \frac{OCF}{WACC}$是估值V_L与加权平均资本成本WACC之间所应当满足的关系，而不是估值的依据：尽管WACC的值与项目估值的结果自洽，但尝试计算WACC进行项目估值存在逻辑缺陷。

第五节　其他估值方法

一、相对估值法

前面章节讨论的估值方法都以现金流折现为理论基础，尽管在方法论上已经足够完备，但对现金流和折现率的预测可能存在技术上的困难，使得最终的估值可能要么准确性不足，要么稳健性不足。基于现金流折现的估值方法称为绝对估值法，因为这种估值方法不依赖于市场中其他项目，只需要待估项目的现金流结构和折现率。但是一般而言，大部分待估值的项目在市场中可能都存在已有公允定价的其他类似项目，因此，待估项目的价值评估可以参考这些类似项目的公允价格，进而衍生出相对估值法。

相对估值法的理论根据是，任何一个理性的投资者在购置一项资产时，他所愿意支付的价格大致等于市场上具有相同性能的替代品的市场价格。相对估值法就是选择一个与需要估值的项目（称为目标项目）相近的其他项目（称为可比项目），以可比项目在市场上的当前定价为基础，来评估目标项目的价值。如果目标项目与可比项目的风险大致相同，未来现金流成比例，那么它们的价值相应成比例。相对估值法假定，目标项目与可比项目之间未来现金流的比例可能进一步与当下的某些关键指标（如净利润、营业收入、净资产等）的比例相等，于是项目价值之比就等于这些关键指标之比。这样，如果某个指标a被认为是影响项目现金流进而影响项目价值的关键变量，那么就可以用指标a对目标项目进行估值：

$$\text{目标项目价值}=\text{可比项目价值}\times\frac{\text{目标项目指标a的值}}{\text{可比项目指标a的值}}$$

或者表示为：

$$\text{目标项目价值}=\text{目标项目指标a的值}\times\frac{\text{可比项目价值}}{\text{可比项目指标a的值}}$$

由于可比项目的价值可从市场中获得，于是可以直接计算得到可比项目价值/可比项目指标a的值。因而相对估值法将目标项目价值表示成指标a的值的倍数，实务中所称的“估值倍数”就是指可比项目价值/可比项目指标a的值。常用的估值倍数包括市盈率倍数、市净率倍数、市销率倍数、企业价值/息税折旧摊销前利润倍数等，它们分别选取了净利润、净资产、销售收入、息税折旧摊销前利润等作为估值中的关键指标a。

具体地说，相对估值法的估值过程分为以下四个步骤。

第一步，选取可比项目。可比项目是指与目标项目所处行业、运营模式、盈利模式、资本结构等方面相同或相近的项目。目标项目与可比项目能够进行比较的关键在于两个项目的模式是相似的，因而产生的现金流的结构和风险也相似，这样，项目之间才具有可比性。经过筛选分析，最终确定一个或几个可比项目。如果选取的可比项目较少，可能因可比项目不具有代表性而使估值结果误差偏大；但选取的可比项目较多时，也要小心是否所有选择的项目都能满足与目标项目“可比”的要求。

第二步，选取估值指标a。在可选用的估值指标中，需要结合行业及项目本身特征进行分析、评估和筛选，最终确定一个较为合适的估值指标。

第三步，计算估值倍数。用可比项目价值除以所选取的估值指标就得到了估值倍数。当可比项目为多个时，可以选取多个可比项目计算得到的估值倍数的平均值或中位数，必要时还可以剔除个别可比项目计算得到的估值倍数的异常值，包括负值、非正常大值和非正常小值。这些异常值主要来自于单个可比项目的个体特殊因素，使用这些异常值会使得估值结果失真。在得到估值倍数后，可能需要对估值倍数做出一定的调整和处理，从而使估值倍数与目标项目具有一致性。例如，目标项目在市场中信誉较好、技术先进，那么在确定估值倍数时，可以在原有可比项目指标参考值上相应给予一定的溢价，反之亦然。

第四步，计算目标项目价值。在确定估值倍数后，利用公式可以计算出目标项目的价值。

在相对估值法中，可比项目、估值倍数的选择都存在一定的主观性，依赖于决策者的专业分析。就估值倍数的选择上，常用的估值倍数包括EBITDA倍数、市盈率、市净率等，下面对这些估值倍数进行具体介绍。

1. EBITDA倍数

EBITDA（息税折旧摊销前利润），是指支付利息、税项、计提折旧和摊销前的利润。

利用EBITDA倍数的相对估值模型如下：

$$目标项目价值=目标项目EBITDA\times\frac{可比项目现值}{可比项目EBITDA}$$

EBITDA倍数法假设项目价值是项目EBITDA的一定倍数，项目EBITDA越大，项目价值越高。由于EBITDA考虑了项目的资本结构以及折旧摊销，因而剔除了项目之间由不同的会计政策和不同的发展阶段导致的差异。但EBITDA的不足在于不反映项目的资本支出需求，因而与实际的经营现金流量的相关性小。

一般而言，EBITDA倍数适用于财务杠杆高、重资产、高折旧的项目。

【例10-5】W公司的主营业务为硬盘驱动机制造，下表展示了该公司2017年3月30日的合并资产负债表（除每股价值外，单位：亿元）：

资产	
流动资产：	
现金和现金等价物	40.6
应收账款净值	17
存货	11.97
其他流动资产	3.83
流动资产合计	73.4
物业和设备，净值	38.03
商誉和其他无形资产，净值	26.1
其他非流动资产	1.74
总资产	139.27
负债和股东权益	
流动负债：	
应付账款	20.37
预提费用	8.37
预提保修费	1.22
长期债务的流动部分	2.3
流动负债合计	32.26
长期债务	17.83
其他负债	4.95
负债合计	55.04
股东权益：	
优先股，每股票面价值为1元；授权：600万股；发行在外：无	-
普通股，每股票面价值为1元；授权：4.5亿股；发行在外：2.38亿股	0.03
资本公积	22.32
累计综合收益（损失）	0.2
留存收益	70.73
库存股：普通股历史成本	（9.05）
股东权益合计	84.23
总负债和股东权益	139.27

W公司在2017年3月30日的收盘价为63.06元。下表为截至2016年

6月30日的年度、截至2016年3月30日和截至2017年3月30日的9个月利润表与现金流量表部分科目，其中利息费用已除去利息收入（单位：亿元）：

项目	截至2016年6月30日的年度	截至2016年3月30日的9个月	截至2017年3月30日的9个月
净利润	16.12	8.67	12.45
利息费用	0.14	0.08	0.35
所得税	1.45	0.88	2.07
折旧与摊销	8.25	4.86	9.31

根据以上信息可以算出W公司的企业价值（EV）与息税、折旧及摊销前利润（EBITDA）。

企业价值是债务、普通股权益与优先股权益的市场价值减去现金和短期投资的价值，甲公司无在外流通的优先股和短期投资，故其企业价值为：

$$\begin{aligned}\text{企业价值（EV）} &= \text{普通股市场价值} + \text{长期债务的账面价值} - \text{现金和现金等价物}\\ &= 2.38\times 63.06+(17.83+2.3)-40.60\\ &= 150.08+20.13-40.60\\ &= 129.61\text{（亿元）}\end{aligned}$$

根据利润表和现金流量表的相关数据，EBITDA需计算过去12个月的数据。以净利润为例，过去12个月的净利润等于截至2017年3月30日的9个月净利润加上截至2016年6月30日的3个月净利润，即截至2017年3月30日共12个月的净利润为 $12.45+(16.12-8.67)=19.9$ 亿元。因此EBITDA等于过去12个月的净利润加利息、所得税、折旧与摊销。故相关科目计算如下（单位：亿元）：

项目	截至2016年6月30日的年度	截至2016年3月30日的9个月	截至2017年3月30日的9个月	总计（过去12个月）
净利润	16.12	8.67	12.45	19.9
利息费用	0.14	0.08	0.35	0.41
所得税	1.45	0.88	2.07	2.64
折旧与摊销	8.25	4.86	9.31	12.7
EBITDA	25.96	24.18	14.49	35.65

过去12个月的EBITDA为35.65亿元，故有：

$$EV / EBITDA = 129.61 / 35.65 = 3.6$$

【例10-6】为估算目标公司的每股价值，现为目标公司匹配了A、B、C、D四家可比公司，利用可比公司法，以四家可比公司的EV / EBITDA倍数的均值作为目标公司的EV / EBITDA倍数，相关数据如下表所示（单位：万元）：

	股价（元 / 股）	普通股数（万股）	现金及非核心资产	债务	EBITDA
A公司	11.60	7235	3019	26166	9487
B公司	7.66	7838	2575	27678	10319
C公司	4.47	7700	5953	22037	6855
D公司	6.74	17512	10897	60504	22966
目标公司		2737	4780	24155	8036

首先，根据A、B、C、D公司的股价和普通股股数可以计算出相应的股权价值，权益价值分别为83926万元、60039万元、34419万元、118031万元；

其次，企业价值等于权益价值加上债务价值并减去现金及非核心资产的价值，得到EV分别为107073万元、85142万元、50503万元、167638万元。

然后，计算出EV/EBITDA倍数分别为11.3倍、8.3倍、7.4倍、7.3倍。目标公司的EV/EBITDA倍数为四者均值，即(11.3+8.3+7.4+7.3)÷4≈8.6倍。

	股价（元/股）	普通股数（万股）	权益价值	现金及非核心资产	债务	EV	EBITDA	$\frac{EV}{EBITDA}$
A公司	11.60	7235	83926	3019	26166	107073	9487	11.3
B公司	7.66	7838	60039	2575	27678	85142	10319	8.3
C公司	4.47	7700	34419	5953	22037	50503	6855	7.4
D公司	6.74	17512	118031	10897	60504	167638	22966	7.3
目标公司	x	2737	$2737x$	4780	24155	EV(x)	8036	8.6

$$
\begin{aligned}
\text{目标公司EV} &= \text{目标公司EBITDA} \times \text{平均EV/EBITDA倍数} \\
&= 8036 \times 8.6 \\
&= 69109.6\ \text{万元}
\end{aligned}
$$

设目标公司的股价为x，则有2737 x +24155-4780=69109.6，解得目标公司的每股价值约为18.17元。

在并购项目中，需要对目标公司进行估值，常用的相对估值指标包括市盈率和市净率。

2. 市盈率

利用市盈率的相对估值模型如下：

$$
\text{目标公司股票价格} = \text{目标公司每股收益} \times \frac{\text{可比公司股票价格}}{\text{可比公司每股收益}}
$$

采用市盈率进行相对估值，要求股票价格和每股收益相关度高，并假设股票价格是每股收益的一定倍数，每股收益越大，则股票价值越高。

市盈率法的优点很明显：

第一，数据容易获得。

第二，将公司价值和盈利能力联系起来，较为直观。

第三，盈利增长率、股利支付率等因素影响市盈率的逻辑链条清晰，便于选择可比公司。

当然，市盈率法也存在一些不足：

第一，净利润受公司资本结构、折旧、摊销等会计制度的影响较大。

第二，当公司的净利润波动较为剧烈时，市盈率具有不稳定性。特别是当净利润为负时，市盈率法将完全失效。

市盈率一般适用于周期性较弱的行业，如公共服务业、食品行业、道路运输业等，这些行业的公司盈利相对稳定。

【例10-7】甲公司为一白酒企业，某分析师拟采用市盈率倍数法估计该公司当年年底的股价，他筛选出与甲公司所处行业相同、业务类似且规模相近的五家上市公司，相关数据如下所示：

	股价（元/股）	普通股股数（百万股）	净利润（百万元）
上市公司A	13.9	400	−152
上市公司B	17.88	307	160
上市公司C	10.35	603	139
上市公司D	32.73	158	297
上市公司E	9.68	721	60
甲公司	–	480	345

为估计甲公司股价，将A-E五家公司市盈率的平均值作为甲公司

的市盈率。

计算得到五家上市公司的市盈率分别为：

	股价（元/股）	净利润（元/股）	市盈率
上市公司A	13.9	-0.38	-36.6
上市公司B	17.88	0.52	34.3
上市公司C	10.35	0.23	44.9
上市公司D	32.73	1.88	17.4
上市公司E	9.68	0.08	116

其中，由于A公司市盈率为负值，E公司市盈率倍数过大，故剔除非正常值，用B、C、D公司的市盈率进行平均：

$$\frac{34.3+44.9+17.4}{3}=32.2$$

因此，甲公司的内含股价为：

$$\begin{aligned}\text{甲公司的内含股价}&=\frac{\text{甲公司净利润}}{\text{甲公司普通股股数}}\times\text{可比公司市盈率倍数均值}\\&=\frac{345}{480}\times 32.2\\&\approx 23.15\text{ 元/股}\end{aligned}$$

故根据可比公司的市盈率法，甲公司的内含股价为每股23.15元。

3. 市净率

市净率是每股股价与每股净资产的比率。

利用市净率的相对估值模型如下：

$$\text{目标公司股票价格}=\text{目标公司净资产}\times\frac{\text{可比公司股票价格}}{\text{可比公司每股净资产}}$$

采用市净率进行相对估值，假设股票价格是每股净资产的一定倍数，每股净资产越大，股票价格越高。

市净率法的优点如下：

第一，数据容易获得。

第二，净资产的账面价值较为稳定，且一般不为负值。

市盈率法也存在不足：

第一，净资产反映的是初始成本，可能无法准确反映公司未来的现金流和资产的盈利能力。

第二，不同公司的账面价值受到其会计标准或会计政策的影响较大，这导致公司之间失去可比性。

市净率适用于周期性较强的行业，这些行业往往拥有大量固定资产并且账面价值相对稳定，同时也适用于收入、现金流主要来自于无形资产，流动资产比较高的行业。采用市净率法估值的最典型的行业是银行业。市净率法被银行业估值广泛采用的原因有二：第一，银行的财务杠杆较高，利润受宏观因素影响较大，不适宜用市盈率法进行估值。第二，银行的主要资产是流动性高、变现较强的金融类资产，资产账面价值通常以市场价值计量，因此净资产账面价值能够大致反映净资产的真实价值。

【例10-8】2019年12月31日，某地产公司的股票收盘价为14.47元/股，公司普通股股票总数为2亿股，其资产和负债的账面价值分别为16.3亿元和3.5亿元。

因此该公司的账面净资产为 $16.3-3.5=12.8$ 亿元，每股净资产 $12.8\div2=6.4$ 元/股，市净率为 $14.47\div6.4=2.26$。

以上三种估值倍数是相互独立、相互补充的，对项目进行相对估值法估值时应该选取最为合适的估值倍数。此外，有两个问题需要注意。

第一，可比项目的选择。为选择合适的可比项目，需要对多个项目进行考察，比较它们与目标项目之间的相关程度，获取信息的渠道包括项目报告计划书、可行性报告、机构研究报告、项目公告等。

第二，计算估值倍数时数据的选取。在相对估值法中，可能需要用到EBITDA、净利润、净资产等数据。就净利润而言，它并不是唯一的，可选取的净利润包括最新会计报告的数据、预测得到的净利润等。无论使用哪一种数据都会有优势和劣势，需要一定的判断和权衡。同时，目标项目与可比项目的数据的选择标准应当相同，保证它们是一致的、可比的。

可以对绝对估值法和相对估值法的优缺点做简单比较。绝对估值法通过构建系统而全面的模型，将项目的运营模式、盈利能力量化后纳入估值模型中，以现金流折现为核心计算项目的内在价值。只要估值模型正确，且相关数据的预测也是准确的，那么得到的估值结果就是精确的。但是，对项目现金流的预测过程较为复杂，这些假设不可避免地带有主观性，导致估值结果的主观性，而对折现率的估计也存在主观性，会进一步影响绝对估值法的精确性。相比之下，相对估值法最显著的优点是简单透明。只要选定一个可比项并计算估值倍数，就能够快速计算出目标项目的价值。

但相对估值法的局限性在于：

第一，相对估值法的评价结果建立在可比项目的市场价值的基础之上，所以它不可避免地受到现行市场的定价偏误的影响。也就是说，这种估值方法不能完全反映公司的内在价值，市场价值存在被高估或低估的情况。

第二，相对估值法的前提假设是两个项目具有可比性，但是，对可比性的判断是主观的。即使运用严格的业务运营标准和财务条件对可比项目进行筛选，最终被选择的可比项目与目标项目仍然会存在差异，这些差异会使得目标项目的估值偏离真实值。在一些高新技术行业，这一问题将更为严重。

表10-1　　两种估值方法的优缺点比较

	绝对估值法	相对估值法
优点	1. 系统而全面的理论支撑。 2. 估值过程立足于项目的经营活动，贴近项目本身，能够反映项目的内在价值。 3. 只要正确假设，估值结果较为精准。	1. 估值倍数容易计算，工作量小。 2. 基于可比项目的市场价值进行估值，融入了市场因素。
缺点	1. 模型需要进行一系列假设，相关假设可能存在较大主观性。 2. 工作量大，过程复杂。	1. 缺少严格的理论支撑。 2. 可比项目的选取较为主观，且与目标项目之间必然存在一定差异。 3. 不能完全反映出项目的内在价值。

二、期权估值法

前面提到绝对估值法以现金流折现为核心。但到本小节为止，对现金流的预测都是以每笔现金流的期望值为基础，然后结合这笔现金流的风险等特性选择折现率对这一期望值进行折现。

由于现金流折现对现金流预测和折现率的估计很敏感，因此这一方法运用在某些高风险、高收益项目的估值上时将存在很大困难。曾经，类似的困难也存在于期权的定价中，当期权在市场中被投资者广泛使用时，市场中缺少期权定价相关理论，原因在于期权合约到期时的现金流十分不规则。直到Black-Scholes期权定价模型被提出后，期权定价才有了理论基础。

由于信息技术等产业的快速发展，高新技术企业面临大量高风险的投资机会。这些投资机会可能在未来为企业带来极高的回报，也可能几乎没有回报。例如，企业可以增加研发投入，以获得一项成果专利。未来该成果可能被证明没有什么经济价值，这样企业的研发投入就完全损失了。但如果该成果被证明有极高的经济价值，此时企业可以凭借该专利投入生产，取得高额的垄断型收益。只有专利的成果有市场价值时才“执行”专利获得回报，这与看涨期权的回报特性十分类似。因此要对研发投入的成果进行估值，就可以借鉴期权的定价方法。这类估值方法在期权定价理论的基础上发展起来，并已广泛应用于某些特定领域，由于本书所限，不做更多介绍。

本章习题

1. 从MM定理的角度谈谈WACC法和MM第一定理法等价的原因。

2. 公司正考虑一个初始投资为120万元的项目B，估计该项目每年将为该公司带来永续的税后无杠杆现金流22.4万元。该项目的目标资本结构B/S为1:1。假设公司所得税率 t 为40%，无杠杆股权资本成本 r_U 为14%。

（1）计算项目的加权平均资本成本。

（2）公司是否投资该项目？

3. 市盈率和市净率法估值分别适用于哪些行业的估值？为什么？

4. 结合绝对估值法和相对估值法，谈谈你对“估值既是一种科学，又是一种艺术”这句话的理解。

第十一章 项目融资实务

第一节 内部融资

一、留存收益融资

留存收益融资是最常见的内部融资方式，绝大部分选择内部融资的公司采用的都是留存收益融资。由于留存收益融资的资金来源是公司之前的未分配利润，因此这一融资方式只适用于那些已经经营一段时间且产生利润的公司，对于新成立的或是尚未产生利润的公司并不适用。

由于留存收益融资是将留存收益重新投资到新的项目中，而不是以现金股利的方式发放给股东，因此留存收益融资实际上需要满足新项目的收益率要等于或高于直接发放现金股利给股东或直接回购股票的收益率。简单来说，就是只有当留存收益能创造更大的价值时，公司才应选择留存收益融资，否则将导致公司价值的缩水。不过这一条件会受到资本利得税的影响，当资本利得税较高时，股东可能需要为现金股利或股票收益支付一定的税收成本，此时将留存收益进行再投资的条件会相对宽松一些。

留存收益融资的优点在于，相较于其他融资方式，采用留存收益进行融资，可以最大程度减少交易成本的损耗，股东也无需缴纳资本利得税。同时，相较于外部融资方式，留存收益无需引入新的外部势力，股东的权利不会被稀释，可以保证股东的控制权和收益权维持在原有水平。缺点则是融资额度有限，公司规模仍然维持不变，对于一些需要快速扩张的公司而言帮助不大，且新项目无法享受外部债权融资带来的税盾效应。

二、资产变卖融资

资产变卖融资也是一种常见的内部融资方式，通常出现在一些经营效益不够好或是战略转型的公司中。采用这种融资方式的公司，通常会选择出售老旧的生产线、存货或是一些其他资产来获取资金投入新项目。卖掉的资产既可以是有形资产，也可以是无形资产，或是有形资产和无形资产的组合，但通常是一些效益不佳、对公司运营影响不大的资产。一些急需资金但缺乏其他融资渠道的公司，有时也会选择变卖有用的资产，并通过与购买方签订租赁契约继续使用资产，这样可以在获得资金的同时保证公司的运营不受影响，这种情形有点类似融资租赁的形式，只不过这时资产的出卖方和承租人是同一个主体。

除了经营效益不佳的公司会采用资产变卖融资方式以外，一些考虑战略收缩或战略转型的公司也会采取这种融资方式。当公司寻求战略收缩或是放弃原领域转战新领域时，就有可能采用这种融资方式，一方面处理掉不想要的资产，另一方面为想要投资的新项目筹措资金。

三、营运资本融资

营运资本融资是较少使用的内部融资方式，原因在于针对营运资本的融资方式对公司的实际运营影响较大，风险也较大，一旦出现资金链的断裂，很有可能导致公司亏损甚至是破产。采用营运资本融资方式的公司通常与供应链相关，通过缩短应收账款周期、延长应付账款周期的方式来筹措资金。这种筹措资金的方式在一些联接上游厂商和下游消费者的平台公司中较为常见。

第二节　外部股权融资

一、首次公开发行

首次公开发行（initial public offering，IPO）是指公司向机构和个人投资者首次公开发行股份进行融资。公司想要通过IPO进行融资，需要在满足监管机构以及交易所的各项条件的基础上，经过一系列繁琐而复杂的程序，才能最终实现。公开发行股份后，上市的股份可在交易所进行公开交易，公司的价值也随时反映在股价上，上市公司同时需要定期、及时地对公司的财务状况及重大事项进行公告。存在经营不善或是欺诈行为等违反监管机构和交易所管理办法的上市公司，可能会被处以警告、罚款、强制退市等惩罚性措施。

IPO是常见的外部股权融资方式之一，也是衡量一个资本市场发展状况的指标。世界上许多国家都建立了自己的资本市场，并通过制订一定的规则来规范市场秩序，推动IPO融资方式不断发展完善。IPO的优点主要包括以下几点：第一，发行范围广，发行对象多。在资本市场公开上市，意味着公司可向所有能够接触到资本市场的投资者进行股权融资，既可以是国内的投资者，也可以是国外投资者。第二，有助于降低公司未来的融资难度和融资成本。公司在公开上市后，可继续通过资本市场进行股权和债权融资，融资难度和融资成本都远小于未上市公司。第三，有助于提升公司声誉和公司价值。公司在公开发行上市后，受到的关注更多，知名度和影响力都会有所提升，同时公司所受到的监管更加严格，对于公司的透明度和治理水平有积极的促进作用，有助于提升公司价值。IPO的缺点也很明显，公司进行公开上市需要满足较为严苛的发行条件，且需要经过漫长的一系列流程，发行的时间成本和金钱成本都相对较高。

二、股权再融资

上市公司在完成首次公开发行后，还可在资本市场上进行股权融资，此时的股权融资被称作是股权再融资（seasoned equity offering，SEO）。常见的股权再融资方式有配股、定向增发等。股权再融资的概念主要是相对于首次公开发行而存在的，只有经历过首次公开发行的上市公司进行的股权融资才能被称作是股权再融资。

股权再融资有可能会导致现有股东股权的稀释，也有可能不会，这取决于股权再融资的融资方案。如果是按照股权比例由当前股东出资认购新融资的股份，那么现有股东的股权就不会被稀释，配股就是其中一种形式。如果再融资的股权没有由当前股东出资认购，或是出资认购的比例与当前股权比例不一致时，就会导致当前股东的股权被稀释，定向增发就是其中一种形式。

三、私募股权融资

私募股权融资是指将未上市的公司或项目股权向特定投资者进行非公开融资。由于公开发行股份进行融资的难度较大，且发行成本高昂，私募股权融资就成为绝大部分初创公司或发展期公司的选择。私募股权融资的出现，催生了一大批科技公司的诞生。美国硅谷的成功很大程度上就归功于私募股权融资的发展，因特尔、苹果、微软等科技型公司在早期都进行过私募股权融资。对于这类发展潜力很大，但在前期难以实现盈利的科技型公司来说，通过债权进行融资的难度很大，同时又难以达到公开发行股份融资的要求，私募股权融资方式则恰好填补了这份空白。

对于许多采用私募股权方式进行融资的公司而言，引入私募股权投资者除了为拓宽融资渠道、募集公司发展资金以外，还可能基于某些特定的战略目的。例如，与谋取股权财务回报为目的的财务投资者相对应的一类特殊的投资者为战略投资者，战略投资者与公司业务联系密切，以委派董事等方式在持有公司股份时帮助提高公司质量和内在价值。公司通过私募股权融资引入战略投资者不仅起到了股权融资的作用，更是实现公司战略目的、提升公司价值的重要手段。

第三节　外部债权融资

一、债券融资

发行债券是企业债权融资的一个重要手段。与借款融资相比，发行债券是一种直接融资方式。企业在资本市场公开发行债券募集资金，并依据发行规定，按期向债券持有人支付利息及本金。债券产品的种类繁多，按利息是否固定，可分为固定利率债券与浮动利率债券；按发行主体信用程度，可分为利率债和信用债；按付息方式，可分为零息债券和付息债券；等等。企业决定发行债券进行融资时，可以根据自身需求来选择相应的债券发行种类。

公司债是最常见的债券形式，在债券发行时与投资者签订契约，约定债券利率和付息方式，到期后向投资者偿付本金。除了公司债以外，还有很多其他形式的债券，下面将介绍两种特殊的债券形式：可转换债券和资产支持债券。

1. 可转换债券

可转换债券是债券持有人可以按照发行时约定的条件将债券

转换为公司普通股的债券。发行可转换债券时，除了对债券的基本要素，如债券面值、利率、期限、付息方式做出规定外，还需要明确说明债券的转换期限、转换价格、赎回条款等内容。可转换债券赋予了债券持有人和发行人各自选择的权利，于债券持有人而言，其可在适当的时机将债券转换成股票；于公司而言，若发行时写明了赎回条款，则债券发行人在一定条件下拥有赎回可转换债券的权利。

一般来说，当公司股票价格高于债券现值时，债券持有人就会行使转换权力，持有公司股票；而当公司股票价格低于债券现值时，债券持有人就会选择继续持有债券，获得利息收益及本金。这种选择权类似于一种看涨期权，因而除原本的利息收益外，债券还被赋予了一定的时间价值，投资者愿意牺牲部分收益（债券票面利率）来换取这一转换权利。对于企业来说，可转换债券的优点在于其票面利率往往低于其他种类债券，从而降低企业的债权融资成本。

2. 资产支持证券

资产支持证券是资产证券化的产物，是以某一资产所产生的现金流来支付其收益的证券，通常以债券形式发行。当企业需要融资时，可以将其部分资产出售以获取资金，而出售出去的资产将由专业机构进行管理，该资产的所有权不再属于该企业，因而也不承担该企业的风险。出售资产必须是能够产生现金流的资产，常见的证券化资产包括个人住房抵押贷款、消费贷款、汽车贷款等。

相比其他种类债券，企业发行资产支持证券具有一定的优势。第一，资产证券化增强了企业资产的流动性与变现能力，使其能够在资本市场获得定价和交易，满足了企业的融资需求。第二，资产支持证券为企业提供了一种有效的、低成本的融资渠道。资产支持证券在设计中，往往会划分优先级债券和次级债券，高信用等级的债券现金流覆盖更大，票面利率更低，因此降低了企业的融资成本。第三，企业出售资产进行融资时，能够将风险资产出售出去，从而达到降低企业风险的目的。

二、借款融资

除债券融资外，借款融资是企业债权融资的另一种重要方式。作为间接融资的重要途径，可将其划分为银行借贷和民间借贷两大类。银行贷款是目前我国债权融资最主要的方式之一，其定义不必赘述。但在此需要强调的是，银行贷款在支持企业资金需求方面发挥着重要作用，但问题也较为明显。一是中小企业融资难。一般银行贷款前会对企业进行严格的资质审查，包括企业经营状况、管理人信用资质以及还款能力等。然而中小企业发展规模较小，经营情况不稳定，缺少资质优良的抵押资产，银行往往不愿向其提供贷款，导致中小企业借款供需矛盾严重。二是银行贷款在整个资本市场占比过高。我国金融资产过度集中于银行，导致银行风险过高，成为商业银行改革的障碍。中小企业是支撑我国经济发展的主力军，针对银行贷款出现的问题，特别是中小企业融资难问题，近年来我国出台了相关政策，比如货币政策端通过再贷款再贴现和直达实体经济的货币政策工具支持中小企业发展。值得一提的是，为进一步解决企业融资难问题，十九大报告指出要深化金融体制改革，多次强调完善多层次资本市场结构，提高直接融资比重，在整个资本市场推行股票注册制。多层次资本市场将为成长企业、中小企业、高新技术企业提供快捷、高效、低成本的融资模式，对解决中小企业融资难问题发挥重要作用。

民间借贷是指借贷人之间、借贷人与法人之间、借贷人与其他组织之间的借贷。按借贷主体不同，可将其划分为个人借贷、个人与金融机构之间的借贷。经金融监管部门批准设立的从事贷款业务的金融机构及其分支机构，相关借贷业务不属民间借贷范畴。民间借贷作为银行贷款的有效补充，在满足企业资金需求方面发挥着不可替代的作用。但民间借贷与银行贷款存在较大区别，主要体现在三方面：一是民间借贷的借贷要求低于银行贷款。一般来说，银行贷款对借贷人要求和限制较为严格，而民间借贷则不同，只要贷款人有一定的还款能力，即便其贷款资质较差，也会有相关民间借贷公司向其贷款。二是民间借贷贷款利率更高。因其放贷对象多为银行不愿放贷的高风险企业，风险与收益对等原则下，民间借贷收取的利率回报就会高于银行贷款。三是前者放贷速度更快。相比民间借贷，银行贷款往往会面临层层严格信贷审批流程，放款速度相对较慢。

本章习题

1. 内部融资和外部融资有什么区别？

2. 公司计划进行股权融资，同时原有股东不希望股权被稀释，那么可以如何设计融资方案？

3. 可转换债券有何特点，与一般债券的区别是什么？

4. 哪些资产适合进行资产证券化，资产证券化的优点是什么？

第四部分

金融科技背景下的工程经济学

第十二章
金融科技背景下的工程经济学

第一节 金融科技与工程经济学

一、工程经济学面临的挑战

工程经济学作为一门围绕工程项目展开的经济学分支学科，其理论发展与实践密不可分。随着科技进步和经济发展，新的产品与服务模式不断出现，就当下而言，金融科技无疑是最为热门的领域之一。金融科技的发展，一方面给工程经济学带来了新的实践问题，如互联网科技公司工程项目的价值评估、不断推陈出新的融资方式等，另一方面又为工程经济学的发展提供了新的技术支持，如人工智能、大数据技术、云计算等。因此，工程经济学在新的时代背景下机遇与挑战并存，如何更好地把握机遇、迎接挑战，成为工程经济学必须思考的问题。

二、什么是金融科技

根据金融稳定理事会（FSB）2016年提出的定义，金融科技是“技术驱动的金融创新，旨在运用现代科技成果改造或创新金融产品、经营模式、业务流程等，推动金融发展提质增效”。根据金融科技的定义，不难看出，金融科技是金融与科技结合的产物，是依靠现代科技成果对传统金融进行的升级改造。

相较于传统金融，金融科技主要呈现出以下两个特点。

第一，金融与现代科技的融合程度更深。金融与现代科技的深度融合，是金融科技的最本质特征，也是金融科技区别于传统金融的特点。虽然传统金融的诞生与发展也受到了科学技术的助力，但过去这种助力更多地只存在于表面，融合程度较浅，例如互联网的出现使得传统金融业务可通过线上办理，纸质合约文件借助计算机实现电子化存档。这些成果虽然也是金融与科技的融合产物，但二者的融合程度较低，科技只是为传统金融提供一种便利的渠道。而在金融科技中，科技已经深入应用到金融产品与服务的创新之中，例如基于大数据的金融风控、基于人工智能的投资组合选择等，这些创新大大推动了金融体系的发展和变革。

第二，由金融驱动转变为技术驱动。传统金融的发展主要围绕金融业务的各个过程展开，注重与客户的沟通与交流，在提供金融服务的基础上收集信息、开展风控、完成交付。金融科技则是由技术进行驱动，核心是用户数据等数字化信息，包括数据获取、数据处理、数据保存、数据交互等过程，都是以技术作为驱动力，通过技术的变革发展带动金融科技的发展。

三、金融科技对于工程经济学的意义

金融科技的时代背景在向工程经济学提出挑战的同时，也为工程经济学的发展提供了前所未有的机遇，要抓住这一机遇，关键在于把握好金融科技的有利因素，如技术革新、思维升级等，以及处理好金融科技时代带来的实践问题，如估值方法论的适用性、项目融资实务等。

一方面，金融科技的发展给工程经济学带来了新的科技手段和发展理念。借助大数据、云计算、人工智能等技术手段，可以使信息搜集、数据处理更加方便高效，使得工程经济学的分析更立体化、多元化，也让许多过去无法实现的分析方法逐渐成为可能。

但另一方面，金融科技的不断发展也意味着工程经济学的研究范式和方法论需要与时俱进，不断革新。在工程项目的实务工作中，也需要将金融科技所带来的冲击和影响考虑在内。工程经济学需要在理论和实践两方面加快发展的脚步，跟上时代的发展节奏，将金融科技带来的新变化融入工程经济学基本原理中。如能解决这些难题，工程经济学也必将迎来新的历史发展。

第二节　工程经济学面临的核心挑战

一、估值对象的变化

新的时代背景下，工程经济学面对多种多样的挑战，但最主

要的挑战集中于工程经济学的核心——项目估值。工程项目是工程经济学的关注重点，也是工程经济学中联结工程管理与经济金融的纽带，而项目估值则是工程经济学对于工程项目的研究核心。随着金融科技的发展，无论是在估值对象还是在估值方法上，传统工程经济学的估值体系越来越不适用于新型工程项目的估值，这对工程经济学的理论框架和实务操作带来了极大的挑战。

工程经济学的传统估值对象以项目或公司为主，原理是通过对项目或公司的未来预期现金流进行折现，得到项目或公司的价值。但是，随着金融科技的不断发展，新形式的估值对象层出不穷，工程管理中的估值对象早已不再局限于项目或公司形式，而是多种多样、日新月异的。如今，工程经济学面对的估值对象，既包括有形资产，也包括无形资产，可能是一款APP，也可能是一项技术，甚至可能是一个人。即便仍然是对公司进行估值，所面对的公司也是千奇百怪，几乎不可能简单地套用折现现金流法对公司的价值进行评估。

虽然估值对象的形式发生了改变，但对于工程经济学来说，估值的本质并未发生变化，无论是对什么形式的对象进行估值，都应当抓住事物的主要矛盾，将重点放在估值对象的关键特征，对估值对象的价值来源进行评估。

【例12-1】甲是2016年崛起的“网络红人”之一，自称“集才华与美貌于一身的女子”，制作了一系列的搞笑短视频并被迅速扩散成为现象级自媒体。截至2020年12月，其微博粉丝已超过3300万，微信公众号文章平均阅读量10万以上。2016年，网红甲的团队宣布获得1200万元融资，被称为网红估值第一人。据媒体报道，此次融资的总估值为1亿元，在1200万元的出资中，Z基金、L公司分别出资500万元，G公司和X公司分别出资100万元，持股比例分别为5%、5%、1%、1%，甲的团队则持有剩下的88%股权。

二、估值方法的变化

当工程经济学的估值对象发生变化，许多原有的估值方法也不再适用。举例来说，工程经济学中绝对估值法的本质是根据估值对象的现金流进行预测，但许多新的估值对象并不存在规则的现金流，或现金流持续为负，这些情况在一些科技型初创公司中十分常见，面对这些情况，就难以利用现金流折现的方法进行评估。不仅绝对估值法行不通，相对估值法同样也存在许多问题，一方面，不同公司或项目之间的差异性过大，导致许多估值对象缺少合适的可比项目，另一方面，不同项目或公司之间的数据统计口径往往不一致，无法简单地使用某项指标进行横向对比，这些都给相对估值法带来了很大障碍。

虽然许多传统的估值方法不再适用于新的估值对象，但仍然可以从传统的绝对估值法和相对估值法的基本思想中寻得一些启迪。例如，在对不同的电商平台进行估值时，可以使用大数据、人工智能等技术进行分析，预测平台的现金流变化；在使用相对估值法时，使用行业统一的数据统计标准，以消除不同公司之间的统计口径差异，这些都不失为解决传统估值方法失灵的可行之道。

三、融资实务的变化

估值对象与估值方法的变化给工程经济学带来挑战的同时，

融资实务的变化也是工程经济学需要思考的问题。随着科技的发展，融资渠道和融资方式不断变化，并且出现了一些传统的工程经济学融资理论框架下难以解释的现象。

互联网科技公司无疑是21世纪以来发展最为迅猛的企业群体之一。美股市值排名靠前的公司中，就有微软、苹果、亚马逊、谷歌、脸书等知名互联网企业，同时也包括阿里巴巴、腾讯、美团、拼多多等来自中国的互联网科技企业。互联网科技企业的迅猛发展，很大程度上得益于资本市场的蓬勃发展。充足的资本通过天使投资、私募股权投资基金等方式，资助了许多处于发展早期需要资金支持的科技企业，使得这类公司得以在资金紧张的初创期存活并继续发展。

有趣的是，互联网科技企业的融资实务，与传统的融资理论存在着很大不同，这类公司往往先通过内部股权进行融资，其次是外部股权，最后才是外部债权，这一特殊的融资顺序既无法用权衡理论进行解释，也无法通过优序融资理论得到解答。互联网科技企业的融资实务更像遵循一套特殊的优序融资理论，这对于工程经济学，甚至是经济学的理论框架，都可谓是一大挑战。

第三节　工程经济学未来发展方向

一、技术发展驱动估值方法论创新

互联网信息技术的飞跃式发展、金融科技概念的诞生等时代背景因素，都给工程经济学带来了不小的挑战，为了更好地迎接这些挑战，工程经济学也需要在现有的基础上不断创新发展，提出新方法，应对新问题。总的来说，工程经济学未来的发展方向可以总结为两方面：技术发展驱动估值方法论创新、估值方法论创新促使技术进步。

科学技术是第一生产力，随着估值对象和估值方法的不断变化，工程经济学的估值方法论也应当不断改进以适应这种变化，而改进的最大动力源泉是信息技术的发展。21世纪以来，随着信息技术的发展，包括大数据、人工智能、机器学习等在内的信息技术，已经渗透进管理科学和经济科学的方方面面，对于工程经济学也产生了很大的影响。借助这些信息技术，金融科技可以大大缩短工程经济学的分析计算时间，许多原本无法实现的分析技术和估值方法在信息技术的帮助下成为可能。同时，在信息技术与工程经济学的融合过程中，许多新的思路、新的想法也将不断激荡产生，进而催生新的方法论。

二、估值方法论创新促使技术进步

估值方法论的创新，一方面受技术迭代更新所驱动，另一方面，也是技术进步的助推力量。虽然工程经济学是一门以工程项目为主要研究对象的课程，工程实践常常领先于理论的发展，但在工程经济学的发展过程中，也有不少理论领先实践的情形。当工程经济学的估值方法论得到创新，而技术的迭代更新未能达到实现条件时，这种理论在无形之中对实践的需求、对技术的更新发展起到了推动作用。估值方法论的更新，一方面为技术创新指明了方向，另一方面也为技术创新提出了一个更高的标准。

本章习题

1. 为什么说“工程经济学在金融科技背景下机遇与挑战并存”？

2. 技术进步会对工程项目的估值体系产生怎样的影响？

部分习题参考答案

第三章

4. 75000 元， 80525.5 元

5. 0.13%， 0.52%

6. PVIFA(10%,3)=2.4869

7. （1） 29324.7 元；（2） 38733.3 元

第四章

2. 第0~5年增加的现金流为(-1000,36,36,36,36,176)。

3. 第0~5年的经营现金流量为(-150,6,6,6,6,216)。

NPV=3.14 万元， IRR =10.49% 。

第五章

3.（1）

项目	第0期 现金流量	第1期 现金流量	NPV @25%	IRR（%）	盈利倍数
A	−10	25	10	150%	2
B	−30	60	18	100%	1.6

（2）计算增量现金流量并计算NPV、IRR和盈利倍数后可以得到，选择B项目更有利可图。

项目	第0期 现金流量	第1期 现金流量	NPV@25%	IRR（%）	盈利倍数
B−A （增量）	−20	35	8	75%	1.4

4.（1）A、B的回收期分别为1.67年、1.63年，应当选择B项目。

（2）A、B的NPV分别为27.42万元、17.17万元，应当选择A项目。根据NPV法则，A项目更有利可图，当项目规模、现金流结构不同，使用回收期法可能导致无效的投资决策。

5. 设备甲的约当年金成本为 $\frac{490+150\times \text{PVIFA}(0.25,2)}{1+\text{PVIFA}(0.25,2)}=291.67$ 元,设备乙的约当年金成本为 $\frac{700+100\times \text{PVIFA}(0.25,3)}{1+\text{PVIFA}(0.25,3)}=300$ 元。应当选择成本更低的设备甲。

第六章

1. 不变

2.（1）NPV = 2.5 万元；（2）NPV = −35 万元。

3.（1）16万件；（2）18.5万件；（3）售价不低于21.16元。

第八章

2. 14.125元

4. 12%

第九章

2. 10.31%

3. $990=\frac{1000}{\left(1+\frac{y}{2}\right)^{10}}+\sum_{i=1}^{10}\frac{1000\times 8\%\times \frac{1}{2}}{\left(1+\frac{y}{2}\right)^{i}}$，到期收益率为 y = 8.25%

第十章

2.（1）11.2%；（2）NPV=80 万元，应当投资。

参考文献

[1] 埃克伦德，赫伯特 . 经济理论和方法史 [M]. 4 版 . 杨玉生等译 . 北京：中国人民大学出版社，2001.

[2] 伯克，德马佐 . 公司理财 [M]. 3 版 . 姜英兵译 . 北京：中国人民大学出版社，2014.

[3] 梁学栋，李智，邓富民等 . 工程经济学 [M]. 3 版 . 北京：经济管理出版社，2017.

[4] 刘力 . 公司财务 [M]. 2 版 . 北京：北京大学出版社，2014.

[5] 罗斯，威斯特菲尔德，杰富 . 公司理财 [M]. 9 版 . 吴世农等译 . 北京：机械工业出版社，2012.

[6] 马尔萨斯 . 政治经济学原理 [M]. 厦门大学经济系翻译组译 . 北京：商务印书馆，1962.

[7] 萨缪尔森，诺德豪斯 . 经济学 [M]. 19 版 . 萧琛译 . 北京：商务印书馆，2012.

[8] 张昕 . 轻松读懂财务报表 [M]. 北京：北京大学出版社，2014.

[9] Debreu G. Theory of value[M]. New York, NJ: John Wiley & Sons,1959.

[10] Fama E, French K R. Common risk factors in the returns on stocks and bonds[J]. Journal of Financial Economics, 1993, 33(1): 3–56.

[11] Marshall,A.. Principles of economics[M]. 8th ed,.London: Macmillan &Co.,1920.

[12] Markowitz H. Portfolio selection[J]. Journal of Finance, 1952(7): 77 – 91.

[13] Miller M H, Modigliani F. Dividend policy, growth, and the valuation of shares[J]. The Journal of Business, 1961, 34(4):411–433.

[14] Modigliani F, Miller M H. The cost of capital, corporation finance and the theory of investment[J]. The American Economic Review, 1958, 48(3): 261–297.

[15] Modigliani F, Miller M H. Corporate income taxes and the cost of capital: a correction[J]. American Economic Review, 1963, 53(3): 433–443.

[16] Mossin J. Equilibrium in a capital asset market[J]. Econometrica,1966, 34(4): 768 - 783.

[17] Myers S C, Majluf N S. Corporate financing and investment decisions when firms have information that investors do not have[J]. Journal of Financial Economics,1984, 13(2): 187–221.

[18] Nash J. Equilibrium points in n–person games[J].Proceedings of the National Academy of Sciences, 36(1): 38–49.

[19] Ricardo D. Principles of political economy and taxation[M]. London: J.M. Dent &Sons,1911.

[20] Ross S A. The arbitrage theory of capital asset pricing[J]. Journal of Economic Theory, 1976, 13(3): 341 - 360.

[21] Sen A K. Collective choice and social welfare[M]. San Francisco: Holden–Day, 1970.

[22] Sharpe W F. Capital asset prices: A theory of market equilibrium under conditions of risk[J]. Journal of Finance, 1964, 19(3): 425 - 442.

[23] Smith A. The wealth of nations[M]. New York, NJ: Modern Library,1937.

[24] Tirole J. The theory of corporate finance[J]. Princeton, NJ: Princeton University Press, 2006

附　录

附表一　　　　　　　　复利终值系数表

期数	1%	2%	3%	4%	5%	6%	7%	8%	9%
1	1.0100	1.0200	1.0300	1.0400	1.0500	1.0600	1.0700	1.0800	1.0900
2	1.0201	1.0404	1.0609	1.0816	1.1025	1.1236	1.1449	1.1664	1.1881
3	1.0303	1.0612	1.0927	1.1249	1.1576	1.1910	1.2250	1.2597	1.2950
4	1.0406	1.0824	1.1255	1.1699	1.2155	1.2625	1.3108	1.3605	1.4116
5	1.0510	1.1041	1.1593	1.2167	1.2763	1.3382	1.4026	1.4693	1.5386
6	1.0615	1.1262	1.1941	1.2653	1.3401	1.4185	1.5007	1.5869	1.6771
7	1.0721	1.1487	1.2299	1.3159	1.4071	1.5036	1.6058	1.7138	1.8280
8	1.0829	1.1717	1.2668	1.3686	1.4775	1.5938	1.7182	1.8509	1.9926
9	1.0937	1.1951	1.3048	1.4233	1.5513	1.6895	1.8385	1.9990	2.1719
10	1.1046	1.2190	1.3439	1.4802	1.6289	1.7908	1.9672	2.1589	2.3674
11	1.1157	1.2434	1.3842	1.5395	1.7103	1.8983	2.1049	2.3316	2.5804
12	1.1268	1.2682	1.4258	1.6010	1.7959	2.0122	2.2522	2.5182	2.8127
13	1.1381	1.2936	1.4685	1.6651	1.8856	2.1329	2.4098	2.7196	3.0658
14	1.1495	1.3195	1.5126	1.7317	1.9799	2.2609	2.5785	2.9372	3.3417
15	1.1610	1.3459	1.5580	1.8009	2.0789	2.3966	2.7590	3.1722	3.6425
16	1.1726	1.3728	1.6047	1.8730	2.1829	2.5404	2.9522	3.4259	3.9703
17	1.1843	1.4002	1.6528	1.9479	2.2920	2.6928	3.1588	3.7000	4.3276
18	1.1961	1.4282	1.7024	2.0258	2.4066	2.8543	3.3799	3.9960	4.7171
19	1.2081	1.4568	1.7535	2.1068	2.5270	3.0256	3.6165	4.3157	5.1417
20	1.2202	1.4859	1.8061	2.1911	2.6533	3.2071	3.8697	4.6610	5.6044

续表

期数	1%	2%	3%	4%	5%	6%	7%	8%	9%
21	1.2324	1.5157	1.8603	2.2788	2.7860	3.3996	4.1406	5.0338	6.1088
22	1.2447	1.5460	1.9161	2.3699	2.9253	3.6035	4.4304	5.4365	6.6586
23	1.2572	1.5769	1.9736	2.4647	3.0715	3.8197	4.7405	5.8715	7.2579
24	1.2697	1.6084	2.0328	2.5633	3.2251	4.0489	5.0724	6.3412	7.9111
25	1.2824	1.6406	2.0938	2.6658	3.3864	4.2919	5.4274	6.8485	8.6231
30	1.3478	1.8114	2.4273	3.2434	4.3219	5.7435	7.6123	10.063	13.268
40	1.4889	2.2080	3.2620	4.8010	7.0400	10.286	14.974	21.725	31.409
50	1.6446	2.6916	4.3839	7.1067	11.467	18.420	29.457	46.902	74.358
期数	10%	12%	14%	15%	16%	18%	20%	24%	28%
1	1.1000	1.1200	1.1400	1.1500	1.1600	1.1800	1.2000	1.2400	1.2800
2	1.2100	1.2544	1.2996	1.3225	1.3456	1.3924	1.4400	1.5376	1.6384
3	1.3310	1.4049	1.4815	1.5209	1.5609	1.6430	1.7280	1.9066	2.0972
4	1.4641	1.5735	1.6890	1.7490	1.8106	1.9388	2.0736	2.3642	2.6844
5	1.6105	1.7623	1.9254	2.0114	2.1003	2.2878	2.4883	2.9316	3.4360
6	1.7716	1.9738	2.1950	2.3131	2.4364	2.6996	2.9860	3.6352	4.3980
7	1.9487	2.2107	2.5023	2.6600	2.8262	3.1855	3.5832	4.5077	5.6295
8	2.1436	2.4760	2.8526	3.0590	3.2784	3.7589	4.2998	5.5895	7.2058
9	2.3579	2.7731	3.2519	3.5179	3.8030	4.4355	5.1598	6.9310	9.2234
10	2.5937	3.1058	3.7072	4.0456	4.4114	5.2338	6.1917	8.5944	11.806
11	2.8531	3.4785	4.2262	4.6524	5.1173	6.1759	7.4301	10.657	15.112
12	3.1384	3.8960	4.8179	5.3503	5.9360	7.2876	8.9161	13.215	19.343
13	3.4523	4.3635	5.4924	6.1528	6.8858	8.5994	10.699	16.386	24.759
14	3.7975	4.8871	6.2613	7.0757	7.9875	10.147	12.839	20.319	31.691
15	4.1772	5.4736	7.1379	8.1371	9.2655	11.974	15.407	25.196	40.565
16	4.5950	6.1304	8.1372	9.3576	10.748	14.129	18.488	31.243	51.923
17	5.0545	6.8660	9.2765	10.761	12.468	16.672	22.186	38.741	66.461
18	5.5599	7.6900	10.575	12.375	14.463	19.673	26.623	48.039	85.071
19	6.1159	8.6128	12.056	14.232	16.777	23.214	31.948	59.568	108.89
20	6.7275	9.6463	13.743	16.367	19.461	27.393	38.338	73.864	139.38
21	7.4002	10.804	15.668	18.822	22.574	32.324	46.005	91.592	178.41
22	8.1403	12.100	17.861	21.645	26.186	38.142	55.206	113.57	228.36
23	8.9543	13.552	20.362	24.891	30.376	45.008	66.247	140.83	292.30
24	9.8497	15.179	23.212	28.625	35.236	53.109	79.497	174.63	374.14

续表

期数	10%	12%	14%	15%	16%	18%	20%	24%	28%
25	10.835	17.000	26.462	32.919	40.874	62.669	95.396	216.54	478.90
30	17.449	29.960	50.950	66.212	85.850	143.37	237.38	634.82	1645.5
40	45.259	93.051	188.88	267.86	378.72	750.38	1469.8	5455.9	19427
50	117.39	289.00	700.23	1083.7	1670.7	3927.4	9100.4	46890	>99999

附表二　　复利现值系数表

期数	1%	2%	3%	4%	5%	6%	7%	8%	9%
1	0.9901	0.9804	0.9709	0.9615	0.9524	0.9434	0.9346	0.9259	0.9174
2	0.9803	0.9612	0.9426	0.9246	0.9070	0.8900	0.8734	0.8573	0.8417
3	0.9706	0.9423	0.9151	0.8890	0.8638	0.8396	0.8163	0.7938	0.7722
4	0.9610	0.9238	0.8885	0.8548	0.8227	0.7921	0.7629	0.7350	0.7084
5	0.9515	0.9057	0.8626	0.8219	0.7835	0.7473	0.7130	0.6806	0.6499
6	0.9420	0.8880	0.8375	0.7903	0.7462	0.7050	0.6663	0.6302	0.5963
7	0.9327	0.8706	0.8131	0.7599	0.7107	0.6651	0.6227	0.5835	0.5470
8	0.9235	0.8535	0.7894	0.7307	0.6768	0.6274	0.5820	0.5403	0.5019
9	0.9143	0.8368	0.7664	0.7026	0.6446	0.5919	0.5439	0.5002	0.4604
10	0.9053	0.8203	0.7441	0.6756	0.6139	0.5584	0.5083	0.4632	0.4224
11	0.8963	0.8043	0.7224	0.6496	0.5847	0.5268	0.4751	0.4289	0.3875
12	0.8874	0.7885	0.7014	0.6246	0.5568	0.4970	0.4440	0.3971	0.3555
13	0.8787	0.7730	0.6810	0.6006	0.5303	0.4688	0.4150	0.3677	0.3262
14	0.8700	0.7579	0.6611	0.5775	0.5051	0.4423	0.3878	0.3405	0.2992
15	0.8613	0.7430	0.6419	0.5553	0.4810	0.4173	0.3624	0.3152	0.2745
16	0.8528	0.7284	0.6232	0.5339	0.4581	0.3936	0.3387	0.2919	0.2519
17	0.8444	0.7142	0.6050	0.5134	0.4363	0.3714	0.3166	0.2703	0.2311
18	0.8360	0.7002	0.5874	0.4936	0.4155	0.3503	0.2959	0.2502	0.2120
19	0.8277	0.6864	0.5703	0.4746	0.3957	0.3305	0.2765	0.2317	0.1945
20	0.8195	0.6730	0.5537	0.4564	0.3769	0.3118	0.2584	0.2145	0.1784
21	0.8114	0.6598	0.5375	0.4388	0.3589	0.2942	0.2415	0.1987	0.1637
22	0.8034	0.6468	0.5219	0.4220	0.3418	0.2775	0.2257	0.1839	0.1502
23	0.7954	0.6342	0.5067	0.4057	0.3256	0.2618	0.2109	0.1703	0.1378
24	0.7876	0.6217	0.4919	0.3901	0.3101	0.2470	0.1971	0.1577	0.1264
25	0.7798	0.6095	0.4776	0.3751	0.2953	0.2330	0.1842	0.1460	0.1160
30	0.7419	0.5521	0.4120	0.3083	0.2314	0.1741	0.1314	0.0994	0.0754

续表

期数	1%	2%	3%	4%	5%	6%	7%	8%	9%
40	0.6717	0.4529	0.3066	0.2083	0.1420	0.0972	0.0668	0.0460	0.0318
50	0.6080	0.3715	0.2281	0.1407	0.0872	0.0543	0.0339	0.0213	0.0134
期数	10%	12%	14%	15%	16%	18%	20%	24%	28%
1	0.9091	0.8929	0.8772	0.8696	0.8621	0.8475	0.8333	0.8065	0.7813
2	0.8264	0.7972	0.7695	0.7561	0.7432	0.7182	0.6944	0.6504	0.6104
3	0.7513	0.7118	0.6750	0.6575	0.6407	0.6086	0.5787	0.5245	0.4768
4	0.6830	0.6355	0.5921	0.5718	0.5523	0.5158	0.4823	0.4230	0.3725
5	0.6209	0.5674	0.5194	0.4972	0.4761	0.4371	0.4019	0.3411	0.2910
6	0.5645	0.5066	0.4556	0.4323	0.4104	0.3704	0.3349	0.2751	0.2274
7	0.5132	0.4523	0.3996	0.3759	0.3538	0.3139	0.2791	0.2218	0.1776
8	0.4665	0.4039	0.3506	0.3269	0.3050	0.2660	0.2326	0.1789	0.1388
9	0.4241	0.3606	0.3075	0.2843	0.2630	0.2255	0.1938	0.1443	0.1084
10	0.3855	0.3220	0.2697	0.2472	0.2267	0.1911	0.1615	0.1164	0.0847
11	0.3505	0.2875	0.2366	0.2149	0.1954	0.1619	0.1346	0.0938	0.0662
12	0.3186	0.2567	0.2076	0.1869	0.1685	0.1372	0.1122	0.0757	0.0517
13	0.2897	0.2292	0.1821	0.1625	0.1452	0.1163	0.0935	0.0610	0.0404
14	0.2633	0.2046	0.1597	0.1413	0.1252	0.0985	0.0779	0.0492	0.0316
15	0.2394	0.1827	0.1401	0.1229	0.1079	0.0835	0.0649	0.0397	0.0247
16	0.2176	0.1631	0.1229	0.1069	0.0930	0.0708	0.0541	0.0320	0.0193
17	0.1978	0.1456	0.1078	0.0929	0.0802	0.0600	0.0451	0.0258	0.0150
18	0.1799	0.1300	0.0946	0.0808	0.0691	0.0508	0.0376	0.0208	0.0118
19	0.1635	0.1161	0.0829	0.0703	0.0596	0.0431	0.0313	0.0168	0.0092
20	0.1486	0.1037	0.0728	0.0611	0.0514	0.0365	0.0261	0.0135	0.0072
21	0.1351	0.0926	0.0638	0.0531	0.0443	0.0309	0.0217	0.0109	0.0056
22	0.1228	0.0826	0.0560	0.0462	0.0382	0.0262	0.0181	0.0088	0.0044
23	0.1117	0.0738	0.0491	0.0402	0.0329	0.0222	0.0151	0.0071	0.0034
24	0.1015	0.0659	0.0431	0.0349	0.0284	0.0188	0.0126	0.0057	0.0027
25	0.0923	0.0588	0.0378	0.0304	0.0245	0.0160	0.0105	0.0046	0.0021
30	0.0573	0.0334	0.0196	0.0151	0.0116	0.0070	0.0042	0.0016	0.0006
40	0.0221	0.0107	0.0053	0.0037	0.0026	0.0013	0.0007	0.0002	<0.0001
50	0.0085	0.0035	0.0014	0.0009	0.0006	0.0003	0.0001	<0.0001	<0.0001

附表三　　　　年金终值系数表

期数	1%	2%	3%	4%	5%	6%	7%	8%	9%
1	1.0000	1.0000	1.0000	1.0000	1.0000	1.0000	1.0000	1.0000	1.0000
2	2.0100	2.0200	2.0300	2.0400	2.0500	2.0600	2.0700	2.0800	2.0900
3	3.0301	3.0604	3.0909	3.1216	3.1525	3.1836	3.2149	3.2464	3.2781
4	4.0604	4.1216	4.1836	4.2465	4.3101	4.3746	4.4399	4.5061	4.5731
5	5.1010	5.2040	5.3091	5.4163	5.5256	5.6371	5.7507	5.8666	5.9847
6	6.1520	6.3081	6.4684	6.6330	6.8019	6.9753	7.1533	7.3359	7.5233
7	7.2135	7.4343	7.6625	7.8983	8.1420	8.3938	8.6540	8.9228	9.2004
8	8.2857	8.5830	8.8923	9.2142	9.5491	9.8975	10.260	10.637	11.028
9	9.3685	9.7546	10.159	10.583	11.027	11.491	11.978	12.488	13.021
10	10.462	10.950	11.464	12.006	12.578	13.181	13.816	14.487	15.193
11	11.567	12.169	12.808	13.486	14.207	14.972	15.784	16.645	17.560
12	12.683	13.412	14.192	15.026	15.917	16.870	17.888	18.977	20.141
13	13.809	14.680	15.618	16.627	17.713	18.882	20.141	21.495	22.953
14	14.947	15.974	17.086	18.292	19.599	21.015	22.550	24.215	26.019
15	16.097	17.293	18.599	20.024	21.579	23.276	25.129	27.152	29.361
16	17.258	18.639	20.157	21.825	23.657	25.673	27.888	30.324	33.003
17	18.430	20.012	21.762	23.698	25.840	28.213	30.840	33.750	36.974
18	19.615	21.412	23.414	25.645	28.132	30.906	33.999	37.450	41.301
19	20.811	22.841	25.117	27.671	30.539	33.760	37.379	41.446	46.018
20	22.019	24.297	26.870	29.778	33.066	36.786	40.995	45.762	51.160
21	23.239	25.783	28.676	31.969	35.719	39.993	44.865	50.423	56.765
22	24.472	27.299	30.537	34.248	38.505	43.392	49.006	55.457	62.873
23	25.716	28.845	32.453	36.618	41.430	46.996	53.436	60.893	69.532
24	26.973	30.422	34.426	39.083	44.502	50.816	58.177	66.765	76.790
25	28.243	32.030	36.459	41.646	47.727	54.865	63.249	73.106	84.701
30	34.785	40.568	47.575	56.085	66.439	79.058	94.461	113.28	136.31
40	48.886	60.402	75.401	95.026	120.80	154.76	199.64	259.06	337.88
50	64.463	84.579	112.80	152.67	209.35	290.34	406.53	573.77	815.08
期数	10%	12%	14%	15%	16%	18%	20%	24%	28%
1	1.0000	1.0000	1.0000	1.0000	1.0000	1.0000	1.0000	1.0000	1.0000
2	2.1000	2.1200	2.1400	2.1500	2.1600	2.1800	2.2000	2.2400	2.2800
3	3.3100	3.3744	3.4396	3.4725	3.5056	3.5724	3.6400	3.7776	3.9184

续表

期数	10%	12%	14%	15%	16%	18%	20%	24%	28%
4	4.6410	4.7793	4.9211	4.9934	5.0665	5.2154	5.3680	5.6842	6.0156
5	6.1051	6.3528	6.6101	6.7424	6.8771	7.1542	7.4416	8.0484	8.6999
6	7.7156	8.1152	8.5355	8.7537	8.9775	9.4420	9.9299	10.980	12.136
7	9.4872	10.089	10.730	11.067	11.414	12.142	12.916	14.615	16.534
8	11.436	12.300	13.233	13.727	14.240	15.327	16.499	19.123	22.163
9	13.579	14.776	16.085	16.786	17.519	19.086	20.799	24.712	29.369
10	15.937	17.549	19.337	20.304	21.321	23.521	25.959	31.643	38.593
11	18.531	20.655	23.045	24.349	25.733	28.755	32.150	40.238	50.398
12	21.384	24.133	27.271	29.002	30.850	34.931	39.581	50.895	65.510
13	24.523	28.029	32.089	34.352	36.786	42.219	48.497	64.110	84.853
14	27.975	32.393	37.581	40.505	43.672	50.818	59.196	80.496	109.61
15	31.772	37.280	43.842	47.580	51.660	60.965	72.035	100.82	141.30
16	35.950	42.753	50.980	55.717	60.925	72.939	87.442	126.01	181.87
17	40.545	48.884	59.118	65.075	71.673	87.068	105.93	157.25	233.79
18	45.599	55.750	68.394	75.836	84.141	103.74	128.12	195.99	300.25
19	51.159	63.440	78.969	88.212	98.603	123.41	154.74	244.03	385.32
20	57.275	72.052	91.025	102.44	115.38	146.63	186.69	303.60	494.21
21	64.002	81.699	104.77	118.81	134.84	174.02	225.03	377.46	633.59
22	71.403	92.503	120.44	137.63	157.41	206.34	271.03	469.06	812.00
23	79.543	104.60	138.30	159.28	183.60	244.49	326.24	582.63	1040.4
24	88.497	118.16	158.66	184.17	213.98	289.49	392.48	723.46	1332.7
25	98.347	133.33	181.87	212.79	249.21	342.60	471.98	898.09	1706.8
30	164.49	241.33	356.79	434.75	530.31	790.95	1181.9	2640.9	5873.2
40	442.59	767.09	1342.0	1779.1	2360.8	4163.2	7343.9	22729	69377
50	1163.9	2400.0	4994.5	7217.7	10436	21813	45497	>99999	>99999

附表四　　　　　　　年金现值系数表

期数	1%	2%	3%	4%	5%	6%	7%	8%	9%
1	0.9901	0.9804	0.9709	0.9615	0.9524	0.9434	0.9346	0.9259	0.9174
2	1.9704	1.9416	1.9135	1.8861	1.8594	1.8334	1.8080	1.7833	1.7591
3	2.9410	2.8839	2.8286	2.7751	2.7232	2.6730	2.6243	2.5771	2.5313
4	3.9020	3.8077	3.7171	3.6299	3.5460	3.4651	3.3872	3.3121	3.2397
5	4.8534	4.7135	4.5797	4.4518	4.3295	4.2124	4.1002	3.9927	3.8897

续表

期数	1%	2%	3%	4%	5%	6%	7%	8%	9%
6	5.7955	5.6014	5.4172	5.2421	5.0757	4.9173	4.7665	4.6229	4.4859
7	6.7282	6.4720	6.2303	6.0021	5.7864	5.5824	5.3893	5.2064	5.0330
8	7.6517	7.3255	7.0197	6.7327	6.4632	6.2098	5.9713	5.7466	5.5348
9	8.5660	8.1622	7.7861	7.4353	7.1078	6.8017	6.5152	6.2469	5.9952
10	9.4713	8.9826	8.5302	8.1109	7.7217	7.3601	7.0236	6.7101	6.4177
11	10.368	9.7868	9.2526	8.7605	8.3064	7.8869	7.4987	7.1390	6.8052
12	11.255	10.575	9.9540	9.3851	8.8633	8.3838	7.9427	7.5361	7.1607
13	12.134	11.348	10.635	9.9856	9.3936	8.8527	8.3577	7.9038	7.4869
14	13.004	12.106	11.296	10.563	9.8986	9.2950	8.7455	8.2442	7.7862
15	13.865	12.849	11.938	11.118	10.380	9.7122	9.1079	8.5595	8.0607
16	14.718	13.578	12.561	11.652	10.838	10.106	9.4466	8.8514	8.3126
17	15.562	14.292	13.166	12.166	11.274	10.477	9.7632	9.1216	8.5436
18	16.398	14.992	13.754	12.659	11.690	10.828	10.059	9.3719	8.7556
19	17.226	15.678	14.324	13.134	12.085	11.158	10.336	9.6036	8.9501
20	18.046	16.351	14.877	13.590	12.462	11.470	10.594	9.8181	9.1285
21	18.857	17.011	15.415	14.029	12.821	11.764	10.836	10.017	9.2922
22	19.660	17.658	15.937	14.451	13.163	12.042	11.061	10.201	9.4424
23	20.456	18.292	16.444	14.857	13.489	12.303	11.272	10.371	9.5802
24	21.243	18.914	16.936	15.247	13.799	12.550	11.469	10.529	9.7066
25	22.023	19.523	17.413	15.622	14.094	12.783	11.654	10.675	9.8226
30	25.808	22.396	19.600	17.292	15.372	13.765	12.409	11.258	10.274
40	32.835	27.355	23.115	19.793	17.159	15.046	13.332	11.925	10.757
50	39.196	31.424	25.730	21.482	18.256	15.762	13.801	12.233	10.962
期数	10%	12%	14%	15%	16%	18%	20%	24%	28%
1	0.9091	0.8929	0.8772	0.8696	0.8621	0.8475	0.8333	0.8065	0.7813
2	1.7355	1.6901	1.6467	1.6257	1.6052	1.5656	1.5278	1.4568	1.3916
3	2.4869	2.4018	2.3216	2.2832	2.2459	2.1743	2.1065	1.9813	1.8684
4	3.1699	3.0373	2.9137	2.8550	2.7982	2.6901	2.5887	2.4043	2.2410
5	3.7908	3.6048	3.4331	3.3522	3.2743	3.1272	2.9906	2.7454	2.5320
6	4.3553	4.1114	3.8887	3.7845	3.6847	3.4976	3.3255	3.0205	2.7594
7	4.8684	4.5638	4.2883	4.1604	4.0386	3.8115	3.6046	3.2423	2.9370
8	5.3349	4.9676	4.6389	4.4873	4.3436	4.0776	3.8372	3.4212	3.0758

续表

期数	10%	12%	14%	15%	16%	18%	20%	24%	28%
9	5.7590	5.3282	4.9464	4.7716	4.6065	4.3030	4.0310	3.5655	3.1842
10	6.1446	5.6502	5.2161	5.0188	4.8332	4.4941	4.1925	3.6819	3.2689
11	6.4951	5.9377	5.4527	5.2337	5.0286	4.6560	4.3271	3.7757	3.3351
12	6.8137	6.1944	5.6603	5.4206	5.1971	4.7932	4.4392	3.8514	3.3868
13	7.1034	6.4235	5.8424	5.5831	5.3423	4.9095	4.5327	3.9124	3.4272
14	7.3667	6.6282	6.0021	5.7245	5.4675	5.0081	4.6106	3.9616	3.4587
15	7.6061	6.8109	6.1422	5.8474	5.5755	5.0916	4.6755	4.0013	3.4834
16	7.8237	6.9740	6.2651	5.9542	5.6685	5.1624	4.7296	4.0333	3.5026
17	8.0216	7.1196	6.3729	6.0472	5.7487	5.2223	4.7746	4.0591	3.5177
18	8.2014	7.2497	6.4674	6.1280	5.8178	5.2732	4.8122	4.0799	3.5294
19	8.3649	7.3658	6.5504	6.1982	5.8775	5.3162	4.8435	4.0967	3.5386
20	8.5136	7.4694	6.6231	6.2593	5.9288	5.3527	4.8696	4.1103	3.5458
21	8.6487	7.5620	6.6870	6.3125	5.9731	5.3837	4.8913	4.1212	3.5514
22	8.7715	7.6446	6.7429	6.3587	6.0113	5.4099	4.9094	4.1300	3.5558
23	8.8832	7.7184	6.7921	6.3988	6.0442	5.4321	4.9245	4.1371	3.5592
24	8.9847	7.7843	6.8351	6.4338	6.0726	5.4509	4.9371	4.1428	3.5619
25	9.0770	7.8431	6.8729	6.4641	6.0971	5.4669	4.9476	4.1474	3.5640
30	9.4269	8.0552	7.0027	6.5660	6.1772	5.5168	4.9789	4.1601	3.5693
40	9.7791	8.2438	7.1050	6.6418	6.2335	5.5482	4.9966	4.1659	3.5712
50	9.9148	8.3045	7.1327	6.6605	6.2463	5.5541	4.9995	4.1666	3.5714